HEYNE

Thomas R. Schmidt

Arbeitszeugnisse
schreiben und deuten

Die Rechtslage
Geheimcodes und spezielle Formulierungen
Musterzeugnisse

WILHELM HEYNE VERLAG · MÜNCHEN

HEYNE RATGEBER
08/5407

Umwelthinweis:
Dieses Buch wurde auf
chlor- und säurefreiem Papier gedruckt.

Originalausgabe 10/2002

http://www.heyne.de
Printed in Germany 2002
Konzeption und Realisation: abc-buchagentur Miriam Schmidt, Augsburg
Redaktion: Johann Lankes
Umschlaggestaltung: Eisele Grafik-Design, München
Satz: Schaber Satz- und Datentechnik
Druck und Bindung: Ebner & Spiegel, Ulm

ISBN 3-453-86403-4

Inhalt

Vorwort

Zeugnisse begleiten uns vom ersten bis zum letzten Schultag, durch das Studium, die Berufsausbildung und das gesamte Berufsleben. Gerade deswegen ist es erstaunlich, wie viele Menschen trotz mehrerer Arbeitsplatzwechsel oder dem Wechsel von direkten Vorgesetzten keine oder kaum Arbeitszeugnisse haben.

Arbeitszeugnisse sind wohl noch immer das wichtigste Kriterium, auf das sich die Auswahl von Bewerbern stützt. Bewerbungsschreiben können mithilfe von Experten erstellt worden sein, ein Lebenslauf ist meist der ausgeschriebenen Stelle angepasst und die Schul- oder Hochschulzeugnisse haben nur noch bedingte Aussagekraft, wenn es sich nicht gerade um einen Berufsanfänger handelt. Also wird den beigefügten Arbeitszeugnissen ein hoher Stellenwert eingeräumt, zumal diese ja nicht vom Bewerber selbst erstellt worden sind, sondern von einer – wenn auch nur vermeintlich – neutralen Person. Sehr gute Zeugnisse machen so manche Schwäche in der Bewerbung wieder wett, eine hervorragend gestaltete Bewerbungsmappe mit schlechten Beurteilungen der früheren Arbeitgeber hingegen führt meist zu einer schnellen Absage.

Auch für die innerbetriebliche Karriere, ganz besonders im Fall von Unternehmenszusammenschlüssen und Fusionen oder innerhalb von großen Konzernen, sind Arbeitszeugnisse von entscheidender Bedeutung für den weiteren beruflichen Weg, vor allem dann, wenn es um einen Aufstieg in höhere Positionen geht. Da heute die lebenslange Zugehörigkeit zu einer einzigen Firma im-

mer seltener wird und der berufliche Lebensweg durch Stellen- und Unternehmenswechsel geprägt ist, sollten Sie großen Wert auf die Arbeitszeugnisse legen. Meist entscheiden diese nämlich darüber, ob Sie überhaupt die Chance erhalten, sich persönlich vorzustellen und die Entscheidungsträger von Ihren Fähigkeiten zu überzeugen.
Ob Sie nun aufgefordert werden, einen Entwurf für Ihr eigenes Zeugnis abzugeben oder ob es Ihre Aufgabe im Unternehmen ist, Arbeitszeugnisse für andere zu erstellen, immer wieder werden Sie mit den gleichen Fragestellungen konfrontiert:

- Was muss in einem Zeugnis stehen?
- Was kann im Zeugnis stehen?
- Was gehört nicht hinein?
- Wie soll die Leistung bewertet werden?

Die Arbeitsgerichte werden von Jahr zu Jahr immer stärker mit einer Flut von Auseinandersetzungen über Arbeitszeugnisse konfrontiert. Meist geht es dabei um die unterschiedliche Auffassung, was die einzelnen Formulierungen für die Leistungsbewertung bedeuten. In einer Vielzahl von Fällen liegt hier keine böse Absicht des Ausstellers vor, sondern einfach nur die Unkenntnis über die gültige Auslegung der Formulierungen, die sich leider von dem allgemeinen Sprachgebrauch teilweise ganz erheblich unterscheidet. Häufig sind es allerdings auch überzogene Wünsche der Arbeitnehmer, die dann zu gerichtlichen Auseinandersetzungen führen.
Auch wenn dieses Buch keine rechtsverbindlichen Auskünfte erteilen kann, können Sie mit seiner Hilfe die Mehrzahl von Streitigkeiten bereits im Vorfeld vermeiden. Unter Verwendung der Musterzeugnisse und der einzelnen Textbausteine können Sie sowohl ein Arbeitszeugnis schreiben als auch ein Ihnen vorgelegtes Zeugnis überprüfen und gegebenenfalls gleich Ihre konkreten Änderungswünsche anbringen. Durch die Unterteilung in die verschiedenen Zeugnisse können Sie sofort im betreffen-

den Kapitel nachlesen und finden dort alle erforderlichen Informationen.
Der besseren Lesbarkeit wegen wurde für die meisten Positionen die männliche Bezeichnung gewählt, der Inhalt ist jedoch für Frauen genauso zutreffend.

Augsburg, im Juni 2002

1. Kapitel

Wozu braucht man Arbeitszeugnisse?

Wann immer Sie sich um eine Position in einem Unternehmen bewerben, werden die Arbeitszeugnisse herangezogen, um sich ein Bild von Ihnen zu machen und Ihre Kenntnisse und Fähigkeiten im Bezug auf die ausgeschriebene Stelle zu überprüfen. Dabei spielt es im Grunde genommen keine Rolle, ob es sich um eine fremde Firma, ein Unternehmen in einem Konzernverbund, eine andere Abteilung bei Ihrem derzeitigen Arbeitgeber oder um einen Aufstieg innerhalb der Abteilung, in der Sie jetzt gerade tätig sind, handelt.

Sofern Sie nicht gerade in einem Kleinbetrieb arbeiten, in dem jeder jeden kennt, werden die Zeugnisse benutzt werden, um eine erste Entscheidung treffen zu können.

Als Arbeitgeber oder Mitarbeiter, der mit der Auswahl und Einstellung von Personal befasst ist, werden Sie anhand der Arbeitszeugnisse einen Eindruck von der fachlichen Eignung des Bewerbers gewinnen. In Verbindung mit dem Lebenslauf und der Schulausbildung erstellen Sie sich eine Rangliste der Kandidaten und entscheiden, wen Sie zu einem näheren Kennenlernen einladen wollen und wem Sie lieber eine Absage erteilen.

Gleiches gilt natürlich auch innerhalb einer Firma, wenn Mitarbeiter für Förderungsmaßnahmen oder besondere Aufgaben auszuwählen sind. Hierbei spielen Arbeitszeugnisse in der Vorauswahl der möglichen Personen ebenfalls eine erhebliche Rolle.

Gerade beim Wechsel von direkten Vorgesetzten kann ein Arbeitszeugnis dem neuen Chef durchaus wertvolle Informationen über

seine Mitarbeiter liefern. Genauso können Arbeitnehmer sich durch das Zeugnis dem neuen Chef empfehlen.
Auch für die Gehaltsverhandlungen spielen Zeugnisse eine Rolle. Sie bieten Arbeitnehmern die Argumentationsgrundlage für ein höheres Gehalt oder liefern Arbeitgebern die benötigten Argumente, um eine Gehaltserhöhung abzulehnen.
Egal, ob Sie nun Arbeitnehmer oder Arbeitgeber sind, auch bei gerichtlichen Auseinandersetzungen, zum Beispiel über eine Abmahnung oder gar eine Kündigung, kann ein Arbeitszeugnis des aktuellen Arbeitgebers hilfreich sein. Sei es nun, um die Klage durchzusetzen oder um sie abzuschmettern.
Zu guter Letzt können Arbeitszeugnisse auch beim Sprung vom Angestelltenverhältnis in die Selbstständigkeit wertvolle Dienste leisten. Mit ihrer Hilfe können Banken, Investoren oder mit Gründungsgutachten beauftragte Stellen sich ein Bild von Ihnen machen und somit Ihre Erfolgsaussichten besser einschätzen.

Als Arbeitnehmer brauchen Sie Arbeitszeugnisse, um

- sich außerbetrieblich zu bewerben,
- sich innerbetrieblich zu bewerben,
- sich für innerbetriebliche Förderungen zu qualifizieren,
- Ihre Gehaltsforderungen zu untermauern,
- sich selbstständig zu machen,
- gegen ungerechtfertigte Abmahnungen oder Kündigungen vorzugehen.

Als Arbeitgeber brauchen Sie Arbeitszeugnisse, um

- aus Bewerbungen die interessanten Kandidaten heraus zu filtern,
- festzulegen, welche Mitarbeiter für Förderungen oder Projektaufgaben infrage kommen,
- Gehaltsforderungen abzulehnen,
- Abmahnungen oder Kündigungen zu untermauern.

Welche Bedeutung haben Arbeitszeugnisse?

Wie Sie bereits gesehen haben, spielen Arbeitszeugnisse sowohl für den Arbeitgeber und für denjenigen, der Personal einstellt, als auch für den Arbeitnehmer, dem ein Zeugnis ausgestellt wird, eine erhebliche Rolle für die berufliche Entwicklung.

Da ein Arbeitszeugnis im rechtlichen Sinne eine Urkunde darstellt, unterliegt es einem besonderen Schutz. Ändern Sie ein Arbeitszeugnis heimlich ab, so begehen Sie damit Urkundenfälschung! Diese wird laut Strafgesetzbuch § 267 mit Freiheitsstrafe bis zu fünf Jahren oder mit Geldstrafe bestraft.

Aufgrund der Eigenschaft als Urkunde legen die meisten Personalverantwortlichen einen großen Wert auf die Aussagen, die in einem Arbeitszeugnis gemacht werden. Sie sind zwar im Grunde genommen genauso mit subjektiven Eindrücken behaftet, wie Ihre Schulzeugnisse auch, trotzdem werden ihnen eine erhebliche Autorität und oft ein absoluter Wahrheitsgehalt zugemessen.

Auch Arbeitsgerichte ziehen bei Klagen gegen Kündigungen oder Abmahnungen gerne die bisherigen Arbeitszeugnisse heran, um ein Bild vom Leistungsstand und der Beurteilung durch den Arbeitgeber zu erhalten. Wer hier nachweisen kann, dass ihn der jetzige Arbeitgeber bisher immer positiv bewertet hat, der hat auch gute Karten für dieses Gerichtsverfahren. Umgekehrt machen es negative Beurteilungen dem Arbeitgeber leichter, zu beweisen, warum man sich gerade und zu Recht von diesem Mitarbeiter trennen will.

➲ *Seien Sie sich der Bedeutung von Arbeitszeugnissen bewusst und bewahren Sie diese unbedingt sorgfältig auf. Dies gilt selbstverständlich sowohl für Arbeitgeber als auch für Arbeitnehmer.*

Arbeitszeugnisse – Sprungbrett oder Absturz?

Ein gutes und vor allem aussagekräftiges Arbeitszeugnis, in dem alle wichtigen Punkte enthalten sind, kann sich für Ihre Karriere durchaus als Sprungbrett zum Aufstieg eignen. Natürlich setzt dies voraus, dass Ihre Vorbildung, Ihre Berufserfahrung und die Chemie zwischen Ihnen und dem potenziellen Arbeitgeber stimmt. Gute Zeugnisse verschaffen Ihnen eine höhere Wahrscheinlichkeit, zu einem persönlichen Gespräch eingeladen oder bei Ihrem derzeitigen Arbeitgeber für einen Karrieresprung oder eine Weiterbildung berücksichtigt zu werden. Das Zeugnis alleine wird aber niemals ausreichen, Sie müssen schon auch durch Ihre Person bzw. Persönlichkeit überzeugen. Ein Zeugnis schafft meist nur den Einstieg für weitere Gespräche.

Ein Zeugnis, in dem Sie negativ bewertet werden oder in dem wichtige Informationen fehlen, kann sich dagegen durchaus destruktiv auf Ihre berufliche Zukunft auswirken. Schlechte Beurteilungen erschweren es Ihnen, bei einem möglichen neuen Arbeitgeber zu einem Vorstellungsgespräch eingeladen zu werden. Meist führen sie auch dazu, dass eine hoffnungsvolle innerbetriebliche Karriere jäh zu Ende geht. In dem Unternehmen, in dem Sie gerade beschäftigt sind, wird es sehr schwer werden, diese Scharte wieder auszuwetzen. Oft empfiehlt es sich daher, sich zügig, aber nicht übereilt, auf die Suche nach einem neuen Arbeitgeber zu machen. Versuchen Sie dabei, durch die Gestaltung Ihrer Bewerbungsmappe einen möglichst positiven Eindruck zu hinterlassen. Häufig gelingt es auch, das letzte Arbeitszeugnis als Ausrutscher, vielleicht sogar als Schwäche des Unternehmens erscheinen zu lassen. Erklärungen für das Zeugnis sollten Sie allerdings immer nur in einem persönlichen Gespräch geben, nicht in Ihrem Bewerbungsschreiben. Weitere Tipps zu diesem Thema finden Sie in meinem Buch »Die optimale Bewerbung« aus dem Heyne Verlag.

Übrigens können auch allzu gute Zeugnisse einen Karriereknick verursachen. Immer dann, wenn der Eindruck entsteht, Ihr Arbeitgeber wollte Sie wegloben, wird ein Unternehmen, bei dem Sie sich bewerben, sich Gedanken machen und vielleicht lieber von einer Einstellung Abstand nehmen.

➲ *Verzagen Sie nicht, wenn Sie ein unbefriedigendes Zeugnis in Ihren Unterlagen haben. Machen Sie diese Schwachstelle durch Ihre Persönlichkeit wieder wett.*

2. Kapitel

Die Rechtslage

Der grundsätzliche Anspruch auf ein Arbeitszeugnis ist gleich in mehreren Gesetzen geregelt, zum Teil werden bereits hier weitere Aussagen über das Zeugnis getroffen.

Das Bürgerliche Gesetzbuch (BGB) legt in § 630 (Pflicht zur Zeugniserteilung) fest:

»Bei der Beendigung eines dauernden Dienstverhältnisses kann der Verpflichtete von dem anderen Teil ein schriftliches Zeugnis über das Dienstverhältnis und dessen Dauer fordern. Das Zeugnis ist auf Verlangen auf die Leistung und die Führung im Dienst zu erstrecken. Die Erteilung des Zeugnisses in elektronischer Form ist ausgeschlossen.«

Im Handelsgesetzbuch (HGB) ist unter § 73 dasselbe für die Handlungsgehilfen festgeschrieben. Als Handlungsgehilfen wird bezeichnet, wer in einem Handelsgewerbe zur Leistung kaufmännischer Dienste gegen Entgelt angestellt ist. Gemeint sind damit kaufmännische Angestellte. Der Text lautet:

»Bei der Beendigung des Dienstverhältnisses kann der Handlungsgehilfe ein schriftliches Zeugnis über die Art und Dauer der Beschäftigung fordern. Das Zeugnis ist auf Verlangen des Handlungsgehilfen auch auf die Führung und die Leistungen auszudehnen. Die Erteilung des Zeugnisses in elektronischer Form ist ausgeschlossen.«

Die Gewerbeordnung (GewO) sagt in § 113 (Zeugnis):

»(1) Beim Abgang können die Arbeitnehmer ein Zeugnis über die Art und Dauer ihrer Beschäftigung fordern.

(2) Dieses Zeugnis ist auf Verlangen der Arbeitnehmer auch auf ihre Führung und ihre Leistungen auszudehnen.

(3) Den Arbeitgebern ist untersagt, die Zeugnisse mit Merkmalen zu versehen, welche den Zweck haben, den Arbeitnehmer in einer aus dem Wortlaut des Zeugnisses nicht ersichtlichen Weise zu kennzeichnen.

(4) Ist der Arbeitnehmer minderjährig, so kann das Zeugnis von dem gesetzlichen Vertreter gefordert werden. Dieser kann verlangen, dass das Zeugnis an ihn, nicht an den Minderjährigen ausgehändigt werde.«

Auch das Berufsbildungsgesetz (BBiG) macht in § 8 (Zeugnis) Aussagen zu diesem Thema:

»(1) Der Ausbildende hat dem Auszubildenden bei Beendigung des Berufsausbildungsverhältnisses ein Zeugnis auszustellen. Hat der Ausbildende die Berufsausbildung nicht selbst durchgeführt, so soll der Ausbilder das Zeugnis unterschreiben.

(2) Das Zeugnis muss Angaben enthalten über Art, Dauer und Ziel der Berufsausbildung sowie über erworbene Fertigkeiten und Kenntnisse des Auszubildenden. Auf Verlangen des Auszubildenden sind auch Angaben über Führung, Leistung und besondere fachliche Fähigkeiten aufzunehmen.«

Laut Bundesbeamtengesetz (BBG) § 92 gilt:

»Dem Beamten wird nach Beendigung des Beamtenverhältnisses auf Antrag von seinem letzten Dienstvorgesetzten ein Dienstzeugnis über Art und Dauer der von ihm bekleideten Ämter erteilt. Das Dienstzeugnis muss auf Verlangen des Beamten auch über die von ihm ausgeübte Tätigkeit und seine Leistungen Auskunft geben.«

Wer hat Anspruch auf ein Arbeitszeugnis?

Aus den Gesetzestexten lässt sich entnehmen, dass jeder Arbeitnehmer bei der Beendigung des Arbeitsverhältnisses das Recht hat, ein Arbeitszeugnis zu fordern.
Auszubildende haben dieses Recht bei Beendigung ihres Ausbildungsverhältnisses.
Für Beamte gilt im Grunde genommen das gleiche Recht wie für alle Arbeitnehmer. Sie können nach Beendigung des Beamtenverhältnisses ein Dienstzeugnis fordern.
Mehr regeln die Gesetze zur Frage der Anspruchsberechtigten nicht. Speziell das Thema Zwischenzeugnisse taucht hier überhaupt nicht auf. Allerdings finden sich häufig in Tarifverträgen noch Vereinbarungen zu Arbeitszeugnissen. Zudem gibt es eine ganze Reihe von Urteilen verschiedener Gerichte, bis hin zum Bundesarbeitsgericht, die sich mit Streitigkeiten rund um die Erteilung und den Inhalt von Zeugnissen beschäftigen.
Allerdings sind Sie immer selbst gefordert und müssen dem Arbeitgeber auch mitteilen, dass Sie ein Zeugnis haben möchten. Ausgenommen hiervon sind die Auszubildenden. Ihnen muss automatisch mit Beendigung der Ausbildung ein Zeugnis erstellt werden.
Auch wenn im Bürgerlichen Gesetzbuch noch von »dauernden Dienstverhältnissen« die Rede ist, hat sich inzwischen eine Rechtsauffassung durchgesetzt, die auch bei befristeten Verträgen und bei Aushilfen das Recht auf ein Arbeitszeugnis anerkennt. Selbst wenn das Arbeitsverhältnis während der Probezeit beendet wird, besteht grundsätzlich der Anspruch auf ein Zeugnis.
Zeugnisse für Zeitarbeitskräfte werden meist nicht von dem Unternehmen ausgestellt, an das sie ausgeliehen waren. Üblicherweise stellt die Zeitarbeitsfirma ein Zeugnis aus, besonders dann, wenn Arbeitskräfte immer nur kurzfristig für einen Auftraggeber tätig waren.

➲ *Aufgrund der Rechtsprechung haben alle Arbeitnehmer, Auszubildenden und Beamten bei Beendigung des Beschäftigungsverhältnisses einen Anspruch auf ein Zeugnis.*

Wann entsteht der Anspruch und wann verjährt er?

Wie Sie bereits in den zitierten Gesetzen erkennen können, entsteht immer erst mit der Beendigung des Arbeits-, Ausbildungs- oder Beamtenverhältnisses der Anspruch auf ein Arbeitszeugnis. Lediglich für Beamte ist in der Bundeslaufbahnverordnung (BLV § 40) zusätzlich geregelt, dass Leistungsbeurteilungen mindestens alle fünf Jahre vorzunehmen sind.
Da es keine eigenen gesetzlichen Regelungen für Zwischenzeugnisse gibt, bleibt für sie die Frage zunächst offen. Mehr Informationen dazu finden Sie im 8. Kapitel »Das Zwischenzeugnis«.
Grundsätzlich gilt für den Anspruch auf Arbeitszeugnisse die Verjährungsfrist, wie sie im Bürgerlichen Gesetzbuch in § 195 (Regelmäßige Verjährungsfrist) festgelegt ist:
»Die regelmäßige Verjährungsfrist beträgt drei Jahre.«
In der Praxis hat dieser lange Zeitraum jedoch meist keine Gültigkeit. Die Juristen kennen nämlich noch den Begriff der Verwirkung. Wann Ihr Anspruch auf ein Zeugnis verwirkt, also nicht mehr gültig ist, lässt sich nicht generell sagen. So gibt es dazu auch ganz verschiedene Urteile der einzelnen Arbeitsgerichte. Grundsätzlich müssen Sie davon ausgehen, dass Ihr Wunsch nach einem Zeugnis zeitnah zum Termin des Ausscheidens erfolgen muss. Es ist einem Arbeitgeber nicht zuzumuten, dass er sich nach Jahren noch an Sie und Ihre Leistungen erinnern kann. Ganz abgesehen davon, dass vielleicht Ihre damaligen Vorgesetzten das Unternehmen längst ebenfalls verlassen haben.

> ➲ *Spekulieren Sie nicht auf die gesetzliche Verjährungsfrist. Äußern Sie Ihren Wunsch nach einem Zeugnis rechtzeitig vor dem Ende des Arbeitsverhältnisses.*

Auf welche Art von Zeugnis besteht ein Anspruch?

Aufgrund der Formulierungen in den Gesetzen haben Sie zunächst nur den Anspruch auf ein so genanntes einfaches Zeugnis, in dem es keine Bewertung Ihrer Leistungen oder Ihres Verhaltens gibt.
Nur auf Ihren ausdrücklichen Wunsch hin, wird Ihnen ein qualifiziertes Zeugnis mit Bewertung erstellt. Wollen Sie ein solches erhalten, so ist der Arbeitgeber auch dazu verpflichtet, Ihrem Wunsch Folge zu leisten.
Berufsausbildungszeugnisse müssen grundsätzlich die erworbenen Kenntnisse und Fertigkeiten aufführen und das Ziel der Ausbildung nennen. Führung und Leistung werden nur auf Verlangen des Auszubildenden hin bewertet.

> ➲ *Wollen Sie ein qualifiziertes Zeugnis haben, so müssen Sie dies ausdrücklich mitteilen. Andernfalls erhalten Sie nur ein einfaches Zeugnis.*

Formvorschriften für Arbeitszeugnisse

In den für Arbeitszeugnisse maßgeblichen Gesetzen finden sich keinerlei Angaben darüber, in welcher Form ein Arbeitszeugnis erstellt werden muss.

Ganz sicher dürfen Sie aber voraussetzen, dass die gültige Schreibweise, in diesem Fall also die neue deutsche Rechtschreibung, anzuwenden ist. Auch sollten Zeugnisse sich in ihrer Gestaltung an die DIN-Norm für Geschäftsbriefe, die DIN 5008, anlehnen.
Gemäß der Rechtsprechung des Bundesarbeitsgerichtes (BAG) aus dem Jahr 1992 haben Sie Anspruch auf ein vollständiges Zeugnis. Es darf also nichts weggelassen werden, was wichtig ist. Das BAG hat darüber hinaus festgestellt, dass Zeugnisse auf einem gültigen Geschäftspapier des Unternehmens geschrieben werden müssen. Schreibfehler und Ausbesserungen stellen einen Mangel dar und geben Ihnen als Empfänger das Recht, dieses Zeugnis zurückzuweisen. Das Arbeitszeugnis muss also so lange neu geschrieben werden, bis es fehlerfrei ist.
Auch Flecken oder sonstige Markierungen sind nicht zulässig, da diese versteckte Hinweise an einen Leser geben könnten. Die Gewerbeordnung untersagt zudem ausdrücklich, die Verwendung von Merkmalen, die einem eingeweihten Leser andere Schlussfolgerungen erlauben, als der Zeugnisempfänger aus dem Text heraus erkennen kann.
Ein Arbeitszeugnis muss dem Empfänger immer im Original ausgehändigt werden. Der Versand als Fax oder per E-Mail ist nicht zulässig.

Lesen Sie das Arbeitszeugnis sorgfältig durch, um eventuelle Schreibfehler oder fehlende Angaben festzustellen. Gegebenenfalls muss das Zeugnis neu geschrieben werden.

Wer stellt das Zeugnis aus und wer unterschreibt es?

Das Arbeitszeugnis ist grundsätzlich vom Arbeitgeber auszustellen. Gerade bei verschachtelten Unternehmen mit mehreren Toch-

tergesellschaften ist ein Blick in den Arbeitsvertrag hilfreich, um festzustellen, welche Firma denn der Arbeitgeber ist.
Die Gesetze sagen nichts darüber aus, welche Abteilung oder Person eines Unternehmens das Zeugnis ausstellen muss.
Bei der Frage, wer das Zeugnis unterschreibt, gibt es immer wieder Auseinandersetzungen. Unzweifelhaft ist, dass der Arbeitgeber unterschreiben muss. Wer aber ist im konkreten Fall die Person des Arbeitgebers? Die Unterschrift durch den Inhaber, einen Geschäftsführer oder geschäftsführenden Gesellschafter oder den Vorstand einer Aktiengesellschaft ist sicher gültig. Neben diesem Personenkreis darf auch jeder andere Mitarbeiter ein Zeugnis unterschrieben, sofern diese Person über die entsprechende Vertretungsvollmacht verfügt. Im Allgemeinen ist diese bei Prokuristen, die mit dem Zusatz »ppa.« unterzeichnen, gegeben. Auch Unterschriften, die mit dem Zusatz »in Vertretung« (i. V.) versehen sind, lassen den Schluss zu, dass die Vertretungsbefugnis vorhanden ist. Eine Unterschrift von Personen, die lediglich »im Auftrag« (i. A.) handeln, muss vom Empfänger nicht akzeptiert werden.
Es hat sich normalerweise eingebürgert, dass Arbeitszeugnisse vom jeweiligen Vorgesetzten des betreffenden Mitarbeiters unterschrieben werden, sofern dieser die Vertretungsbefugnis hat. Gelegentlich ergeben sich allerdings Probleme, wenn ganze Abteilungen aufgelöst werden oder der Vorgesetzte die Firma ebenfalls verlässt. Durch die in vielen Unternehmen heute übliche Praxis, Führungskräfte im Falle ihrer Kündigung sofort frei zu stellen, kann ebenso der Fall eintreten, dass der Vorgesetzte ein Zeugnis nicht mehr unterschreiben kann. Die Unterschrift durch die Geschäftsführung oder den Personalleiter ist dann meist die beste Lösung. Ob aber der Leiter irgendeiner Abteilung das Zeugnis für einen ausscheidenden Mitarbeiter unterschreiben darf, den er vielleicht niemals persönlich gesehen hat, ist strittig. Zumindest sollte in einem solchen Fall keine Bezeichnung der Position des Unterschreibenden vorhanden sein. Es wirkt durchaus befremdlich, wenn beispielsweise der Vertriebsleiter das Zeugnis für einen Mitarbeiter der Personalabteilung unterzeichnet.

Je höher die Position des scheidenden Mitarbeiters im Unternehmen war, desto höher sollte auch die Position des Unterschreibenden sein. Einen Rechtsanspruch hierauf gibt es jedoch nicht!
Ein Firmenstempel anstelle einer Unterschrift ist in keinem Falle ausreichend.

Unterschreiben vertretungsberechtigte Personen ein Arbeitszeugnis, müssen die Zusätze »ppa.« oder »i. V.« angeführt sein. Der Zusatz »i. A.« reicht nicht aus, um ein rechtsgültiges Zeugnis zu erstellen.

Arbeitszeugnis und Betriebsrat

Entgegen der oft geäußerten Ansicht, der Betriebsrat sei in die Erstellung eines Arbeitszeugnisses einzubeziehen, gibt es hierfür keine gesetzliche Regelung. Zwar muss der Betriebsrat vor einer Kündigung gehört werden, für ein Zeugnis hat er jedoch kein Mitsprache- oder Informationsrecht, sofern nicht in einem Tarifvertrag eine Regelung hierfür vereinbart ist.
Bei Streitigkeiten über Arbeitszeugnisse wird trotzdem häufig der Betriebsrat eingeschaltet, fast immer von Seiten des Arbeitnehmers. Er kann jedoch nur beratend und eventuell vermittelnd tätig werden, kein Arbeitgeber muss sich darauf einlassen.

Der Betriebsrat hat kein Mitspracherecht bei der Erstellung von Arbeitszeugnissen.

3. Kapitel

Was muss in jedem Zeugnis enthalten sein?

Wie Sie bereits gesehen haben, machen die verschiedenen Gesetze nur sehr wenige Angaben über den Inhalt von Arbeitszeugnissen. Vieles wurde in Arbeitsgerichtsprozessen geklärt, die jedoch nicht immer bis in die letzte Instanz vor das Bundesarbeitsgericht gingen und deshalb oft keine Allgemeingültigkeit besitzen. Trotzdem haben sich bestimmte Dinge im Laufe der Zeit durchgesetzt und werden in den meisten Fällen auch vor Gericht als gültig und üblich angesehen.

Grundsätzlich sollte jedes Zeugnis mit der entsprechenden Überschrift versehen sein, um auf den ersten Blick deutlich zu machen, worum es geht, und dass es sich nicht um einen Geschäftsbrief handelt.

Wahrheit, Klarheit und Wohlwollen

Diese drei Kriterien wurden vom BAG in seiner Rechtsprechung als Maßstäbe für Arbeitszeugnisse festgelegt. Doch was bedeuten sie im Einzelnen?

Wahrheit

Die in einem Zeugnis gemachten Angaben müssen der Wahrheit entsprechen. Darüber hinaus gehört zur Wahrheit auch, dass alle wesentlichen Tatsachen und Bewertungen enthalten sein müssen,

die für eine Gesamtbeurteilung erforderlich sind. Es steht allerdings dem Aussteller frei, welche Bestandteile gegebenenfalls stärker betont werden sollen als andere.
Allerdings darf durch die Auswahl einzelner Kriterien nicht der Eindruck erweckt werden, es werde etwas verschwiegen. Alles, was ein neuer Arbeitgeber an Fakten aufgrund der bisherigen Tätigkeit des Mitarbeiters erwarten kann, muss auch genannt werden. Hinsichtlich der Wortwahl können dem Aussteller jedoch keine generellen Vorschriften gemacht werden. Kriterien für die Wahrheit sind eine objektive und auf die Person bezogene Bewertung und eine Formulierung, die es sowohl dem Empfänger als auch einem Dritten, also einem potenziellen neuen Arbeitgeber, möglich macht, den Sinn der Aussagen zu verstehen.

Auch durch das Weglassen von einzelnen Punkten kann das Wahrheitsgebot verletzt werden!

Klarheit

Die meisten Kriterien für die Klarheit eines Arbeitszeugnisses sind bereits in denen der Wahrheit enthalten. Es dürfen keine Formulierungen verwendet werden, die einem Leser eine zwei- oder mehrdeutige Auslegung ermöglichen. Alle Aussagen und Bewertungen müssen so formuliert sein, dass eindeutig zu erkennen ist, was damit gemeint ist.
Meist entzündet sich der Streit um ein Zeugnis an Formulierungen wie: »Er hat die Freiräume im Rahmen seiner Möglichkeiten genutzt.« Soll das bedeuten, der Mitarbeiter hat seine Kompetenzen eingehalten und nicht überschritten? Oder waren die Fähigkeiten des Mitarbeiters so begrenzt, dass er nicht mehr aus den Freiräumen machen konnte?

> *Gehen Sie bei mehrdeutigen Formulierungen nicht davon aus, was Sie darunter verstehen. Fragen Sie, sowohl als Aussteller wie auch als Empfänger, andere Personen, wie sie diese Aussage interpretieren.*

Wohlwollen

Meist wird dieser Punkt von den Juristen auch als »verständiges Wohlwollen« bezeichnet. Grundsätzlich muss der Aussteller eines Zeugnisses Ihnen Wohlwollen entgegenbringen und darf Ihre beruflichen Zukunftsaussichten nicht unnötig erschweren. Für den Empfänger nachteilige Aussagen sind nur dann anzuführen, wenn die Verfehlungen so schwer wiegend waren, dass ein neuer Arbeitgeber den Aussteller bei Verschweigen schadenersatzpflichtig machen könnte. Einmalige und untypische Ausrutscher haben deshalb in einem Zeugnis nichts zu suchen.

Andererseits ist ein Arbeitgeber auch nicht verpflichtet, sporadische und längst vergangene Erfolge des scheidenden Mitarbeiters aufzuzählen. Es geht um die Gesamtbeurteilung des Arbeitnehmers, nicht um die Aufzählung einzelner Schwachpunkte!

Gravierende Verfehlungen, beispielsweise fortgesetzter Kassenbetrug durch einen Buchhalter, müssen in jedem Fall Eingang in das Zeugnis finden. Ganz besonders dann, wenn der Mitarbeiter deshalb bereits abgemahnt wurde und nun aus diesem Grund auch entlassen wird.

> *Achten Sie darauf, dass im Zeugnis das nötige Wohlwollen vorhanden ist und die berufliche Entwicklung nicht unnötig behindert wird.*

Der Weg zwischen Wahrheit und Wohlwollen ist für alle, die ein Zeugnis schreiben, immer eine Gratwanderung. Die Beurteilung muss wahr sein, sie muss klar sein, sie muss wohl wollend sein. Gleichzeitig muss sie es einem Leser aber auch ermöglichen, sich ein realistisches Bild der Person zu machen. Obendrein muss sie so aussagekräftig sein, dass der alte Arbeitgeber nicht gegenüber einem neuen Arbeitgeber haftbar wird, weil wesentliche Fakten gefehlt haben.

Die persönlichen Daten

Auch wenn es keine Mustervorschrift oder DIN-Norm für den Aufbau von Arbeitszeugnissen gibt, so haben sich doch einige Punkte im Laufe der Zeit als Standard etabliert.
Grundsätzlich werden in Deutschland alle Arbeitszeugnisse in deutscher Sprache erstellt. Wünscht der Empfänger eine andere Sprache, so muss er sich selbst um die Übersetzung und gegebenenfalls auch um die Beglaubigung kümmern.
Ob das Zeugnis mit der Anschrift des Empfängers versehen wird, so wie es bei einem Geschäftsbrief üblich ist, oder ob darauf verzichtet wird, ist lediglich eine Frage der Gepflogenheiten des Unternehmens.
Um die Person des Zeugnisempfängers eindeutig identifizieren zu können, muss der Name genannt werden. Einen Anspruch darauf, dass auch der Vorname erwähnt wird, gibt es nicht. Trotzdem ist es üblich, diesen ebenfalls zu nennen. Führt der Empfänger akademische oder öffentliche Titel, müssen diese angegeben werden.
Der Streit, ob es nun Fräulein oder Frau heißt, sollte eigentlich längst ausgestanden sein. Trotzdem gibt es darüber immer wieder Auseinandersetzungen. Am einfachsten ist es, sich bei den Anreden auf Herr oder Frau zu beschränken.
Das Geburtsdatum und der Geburtsort sind nicht unbedingt erforderlich. Das Datum wird jedoch gerade in großen Unternehmen

meist angegeben, um den Empfänger eindeutig zu bezeichnen. Auf die Angabe des Geburtsorts wird fast immer verzichtet.
Das Ein- und Austrittsdatum in das Unternehmen sind Grundbestandteil eines Zeugnisses. Ob dies nun in der Form geschieht, dass angegeben wird, von wann bis wann ein Mitarbeiter tätig war oder ob zunächst nur das Eintrittsdatum genannt wird und am Ende des Zeugnisses das Austrittsdatum, ist dabei unerheblich. Von der Chronologie her ist sicher die zweite Variante die leserfreundlichere.
Auch das Ausstellungsdatum ist ein erforderlicher Bestandteil in einem Zeugnis. Es kann als Datum oben rechts, analog zum Geschäftsbrief stehen. Meist wird es jedoch vor die Unterschrift gesetzt.
Der Ausstellungsort gehört ebenfalls zum Zeugnis. Er kann, wie das Datum, oben rechts oder unten vor die Unterschrift gesetzt werden. Manche Firmen verzichten auf die Ortsangabe, da diese sich aus dem Geschäftspapier ergibt. Um in diesem Punkt unnötige Streitigkeiten zu vermeiden, sollte der Ort separat genannt werden.

Folgende Daten müssen vorhanden sein: Name, Titel, eventuell Vorname und Geburtsdatum, Eintrittsdatum, Austrittsdatum, Ausstellungsdatum, Ausstellungsort.

Gerade das Austrittsdatum interessiert den Leser eines Arbeitszeugnisses besonders, wenn es um die Bewerbung für eine ausgeschriebene Stelle geht. Da die üblichen Kündigungstermine meist zum 15. oder Letzten eines Monats sind, weckt jeder andere Zeitpunkt zunächst einmal Misstrauen. Es ist also empfehlenswert, wenn Sie als Arbeitnehmer selbst kündigen, sich rechtzeitig Gedanken über das Datum Ihres Austritts zu machen.

Auch der Vergleich von Austritts- und Ausstellungsdatum des Zeugnisses gibt Informationen preis. Wurde ein Zeugnis deutlich nach dem Austritt erstellt, liegt der Verdacht nahe, dass es Auseinandersetzungen um das Zeugnis gegeben hat, vielleicht sogar ein Gericht bemüht worden ist. Dies führt meist zu Nachfragen in einem Vorstellungsgespräch oder zu einer Kontaktaufnahme des möglichen neuen Arbeitgebers mit dem Zeugnisaussteller.
Sehr konservative Unternehmen lassen häufig gleich die Finger von diesem Bewerber, weil ihnen der Verdacht einer Auseinandersetzung schon genügt, um die Zusammenarbeit infrage zu stellen. Eine Rückdatierung des Arbeitszeugnisses würde gegen das Gebot der Wahrheit verstoßen und somit einen Anfechtungsgrund liefern.

Die Beschreibung von Position und Aufgaben

Die Beschreibung der Position des ausscheidenden Mitarbeiters ist grundsätzlich Bestandteil eines vollständigen Arbeitszeugnisses. Dabei reicht es nicht aus, nur eine Berufs- oder Tätigkeitsbezeichnung anzugeben. Zum einen sind die internen Bezeichnungen von Unternehmen zu Unternehmen äußerst verschieden. Zum anderen gibt auch die Berufsbezeichnung keinen klaren Anhalt für die ausgeführten Tätigkeiten.
Die Position des Stelleninhabers ist also zu nennen. Danach müssen die Tätigkeiten so beschrieben werden, dass sich ein so genannter fachkundiger Dritter ein Bild machen kann. Generell gilt: Je qualifizierter die Tätigkeit war, desto ausführlicher sollte auch die Tätigkeitsbeschreibung sein.
Vorsicht ist bei der Reihenfolge der Nennung der Aufgaben und deren Ausführlichkeit geboten. Hierin kann bereits eine Wertung der Stelle bzw. der Person vorliegen. Minuziöse Aufzählungen bis hinunter zu nebensächlichen Aufgaben erwecken immer den Eindruck, dass mit dem Mitarbeiter etwas nicht in Ordnung war.

Besondere Kenntnisse und Fähigkeiten sollten in einem Zeugnis auf jeden Fall erwähnt werden, auch um das nötige Wohlwollen zu demonstrieren.
Die mit der Position verbundenen Kompetenzen und die Anzahl der unterstellten Mitarbeiter sind ebenfalls wichtige Aussagen in einem Zeugnis.

➔ *Die reine Angabe der Stellenbezeichnung reicht nicht aus, um die Position klar zu definieren.*

Die Beurteilung

Eine Beurteilung oder Bewertung der Leistungen, Kenntnisse und Fähigkeiten eines Mitarbeiters ist nur dann Bestandteil eines Zeugnisses, wenn es sich um ein qualifiziertes Zeugnis handelt. In einem einfachen Zeugnis haben Bewertungen nichts verloren! Mehr zu den Feinheiten dieses Themas finden Sie im 10. Kapitel »Das qualifizierte Zeugnis«.

Der Ausstellungsgrund

Da ein Zeugnis im Normalfall nur bei Ausscheiden aus dem Unternehmen oder nach Beendigung der Berufsausbildung erstellt wird, erübrigt es sich somit auch, den Ausstellungsgrund separat zu nennen.
Bei Zwischenzeugnissen wird oft ein Grund genannt. Meist ist es entweder die Versetzung in eine andere Abteilung, ein innerbetrieblicher Aufstieg oder der Wechsel des Vorgesetzten. Wünscht ein Arbeitnehmer von sich aus ein Zwischenzeugnis, so geben vie-

le Firmen an, dass dieses Zeugnis auf Wunsch des Mitarbeiters erstellt wurde. Dagegen ist im Grunde genommen auch nichts einzuwenden.
Ein Konkurs oder die Geschäftsaufgabe werden gelegentlich als Ausstellungsgrund für ein Zeugnis angegeben. Aus Sicht des Empfängers ist dies durchaus positiv zu bewerten, wird doch damit dokumentiert, dass die Trennung nichts mit dem Mitarbeiter selbst zu tun hat.
Eine Trennung innerhalb der vereinbarten Probezeit wird meist im Zeugnis als Begründung für die Zeugniserteilung genannt. Auch wenn diese Trennung vielleicht bei dem ein oder anderen negative Gedanken aufkommen lässt, ist sie in Ordnung. Rein sachlich betrachtet, ist es ja gerade das Kennzeichen der Probezeit, dass Firma und Arbeitnehmer gegenseitig überprüfen, ob eine Zusammenarbeit fruchtbar ist. Die Trennung innerhalb der Probezeit ist deshalb kein Negativmerkmal. Aus Sicht des Arbeitnehmers ist es allerdings oft geschickter, statt eines Zeugnisses nur eine Arbeitsbescheinigung zu verlangen. Mehr über diese Bescheinigungen finden Sie im 13. Kapitel.

Der Schlusssatz

Auch wenn Zeugnisempfänger immer wieder gute Wünsche oder ein Bedauern des Unternehmens über ihr Ausscheiden haben möchten – es gibt keinen Anspruch darauf. Diese Formeln stellen lediglich ein Entgegenkommen oder eine Höflichkeit des Ausstellers dar, auf die kein Anspruch besteht.

4. Kapitel

Was darf nicht in einem Zeugnis stehen?

Natürlich gibt es neben den Dingen, die in einem Arbeitszeugnis stehen müssen, und denen, die darin enthalten sein können, auch noch einige Punkte, die nicht im Zeugnis stehen dürfen, weil sie den Arbeitnehmer unangemessen benachteiligen würden. Auf die oft erwähnten Geheimcodes gehe ich im nachfolgenden Kapitel gesondert ein.

Mitarbeit im Betriebsrat

Grundsätzlich hat die Tätigkeit eines Mitarbeiters im Betriebsrat oder seine Freistellung hierfür nichts mit der Arbeitsleistung zu tun. Genau aus diesem Grund gehört sie auch nicht in ein Arbeitszeugnis. Nur wenn der Empfänger es ausdrücklich wünscht, dürfen und müssen diese Tätigkeiten erwähnt werden.
Problematisch wird es immer dann, wenn die Betriebsratsaufgaben einen solchen Umfang angenommen haben, dass von der ursprünglichen Tätigkeit als Arbeitnehmer so gut wie nichts mehr übrig bleibt. Wie soll bei einem frei gestellten Betriebsrat ein Zeugnis erstellt werden? Der Arbeitgeber hat das Recht, die Tätigkeit im Betriebsrat im Zeugnis anzuführen, wenn es keine andere Möglichkeit der Beurteilung gibt. Am sinnvollsten ist es, wenn Arbeitgeber und Arbeitnehmer sich vorher darüber einigen, in welcher Form und in welchem Umfang die Betriebsratstätigkeit aufgenommen wird.

Auch die Tätigkeit für eine Gewerkschaft bzw. die Mitgliedschaft dürfen im Zeugnis nicht erwähnt werden.

Krankheiten

Krankheiten, auch länger andauernde, dürfen in einem Arbeitszeugnis ebenfalls nicht erwähnt werden. Wird allerdings die Leistungsfähigkeit des Arbeitnehmers durch seine Krankheit in einer solchen Weise beeinflusst, dass er seine Aufgaben nicht mehr entsprechend erfüllen kann bzw. konnte, darf dieser Umstand erwähnt werden. Dies gilt zum Beispiel für einen Kraftfahrer, der aufgrund der einzunehmenden Medikamente nur noch eingeschränkt fahrtüchtig ist.

Straftaten

Straftaten werden durch die Justiz geahndet und nicht durch den Arbeitgeber in einem Zeugnis. Sie müssen unerwähnt bleiben. Es gibt hierbei allerdings eine Ausnahme: Steht die Straftat in einem unmittelbaren Zusammenhang mit dem Arbeitsplatz oder der Tätigkeit, so darf sie erwähnt werden. Dies gilt beispielsweise für einen Buchhalter, der wegen Unterschlagung verurteilt worden ist.

Korrekturen

Wie bereits gesagt, dürfen in einem Zeugnis keinerlei Korrekturen vorhanden sein. Es darf also weder radiert noch durchgestrichen oder mit einer Korrekturflüssigkeit gearbeitet werden. Enthält das Zeugnis beispielsweise Rechtschreibfehler, so muss es komplett neu geschrieben werden.

5. Kapitel

Geheimcodes und spezielle Formulierungen

Die im Zusammenhang mit Arbeitszeugnissen oft erwähnten Geheimcodes oder Geheimformulierungen und -zeichen gibt es in gewissem Sinne tatsächlich. Allerdings sind sie längst nicht mehr so geheim, wie der Name vermuten lässt.
Alle Arten von Formulierungen, Codierungen und Zeichen, die es einem eingeweihten Leser ermöglichen, andere Informationen aus dem Zeugnis zu gewinnen, als dies ein »normaler« Leser tun würde, sind grundsätzlich verboten. Es läge hier ein Verstoß gegen die Gebote von Wahrheit und Klarheit und auch gegen die Gewerbeordnung vor. Deshalb sind Korrekturen ebenfalls nicht erlaubt, da es sich bei ihnen um solche Zeichen und Hinweise handeln könnte.

Geheimzeichen

Neben den bereits erwähnten Korrekturen, die, zumindest theoretisch, bedeuten könnten, dass der Empfänger unsauber und schlampig gearbeitet hat oder permanent korrigiert werden musste, gibt es noch weitere Möglichkeiten, Zeichen anzubringen. In der Praxis scheint dies zwar eher selten vorzukommen, der Vollständigkeit halber seien sie hier trotzdem erwähnt:

- Ein senkrechter Strich links neben der Unterschrift soll bedeuten, dass der Empfänger Mitglied einer Gewerkschaft ist.

- Ein Apostroph oder Häkchen links von der Unterschrift soll die Mitgliedschaft in einer linken Organisation anzeigen.
- Ein Apostroph oder Häkchen rechts von der Unterschrift soll für die Mitgliedschaft in einer rechten Organisation stehen.
- Ein Anführungszeichen bei der Unterschrift soll auf die Mitgliedschaft in einer verfassungsfeindlichen Organisation hinweisen.
- Ein fehlender Punkt zum Abschluss des letzten Satzes soll anzeigen, dass der Empfänger gegen den Arbeitgeber klagt bzw. geklagt hat.
- Eine unterstrichene Telefonnummer oder die Angabe der Telefonnummer neben der Unterschrift soll dem Leser signalisieren, dass eine Rücksprache mit dem Aussteller des Zeugnisses angebracht ist.
- Unterstreichungen im Text oder Text in Anführungsstrichen, die meist in einer deutlich kleineren Schriftart gesetzt sind, sollen bedeuten, dass die Aussage in das Gegenteil zu verkehren ist.
- Bei mehrseitigen Zeugnissen soll die Unterschrift auf jeder einzelnen Seite darauf hinweisen, dass der Empfänger mindestens Betrugsabsichten hat, vielleicht gar das Unternehmen betrogen hat.
- Manchmal wird aus der Tatsache, dass ein Zeugnis ein ausgefülltes Anschriftenfeld hat und eventuell auch gefaltet ist, geschlossen, dass das Zeugnis per Post an den Empfänger geschickt worden ist, weil man ihn beurlaubt hat. Die Freistellung ist zwar in manchen Berufen durchaus üblich, kann aber auch einen negativen Eindruck erwecken.

Fast schon paranoid wird es, wenn die auf manchen Geschäftspapieren angebrachten Faltmarken gleich als geheime Kennzeichnungen angesehen werden. Eine gesunde Portion Misstrauen ist als Empfänger eines Zeugnisses sicher angebracht. Im Zweifelsfall sollte aber ein Gespräch mit dem Aussteller oder die Rückfrage, beispielsweise beim Betriebsrat, einer Gewerkschaft oder einem Fachanwalt für Arbeitsrecht, ausreichen, um eine erste Klärung zu schaffen.

➲ *Wenn Sie als Empfänger den Verdacht haben, auf Ihrem Arbeitszeugnis seien Geheimzeichen angebracht, setzen Sie sich umgehend mit Fachleuten in Verbindung.*

Geheimcodes

Aufgrund der Anforderung an Arbeitszeugnisse, dass sie dem Empfänger gegenüber wohl wollend abgefasst sein müssen, und dem Wunsch der Aussteller, Ihre Beurteilung durchzusetzen und sich auch vor Schadenersatzansprüchen anderer Unternehmen zu schützen, ist eine ganz eigene Zeugnissprache entstanden. Es wurden Formulierungen gefunden, die auf den ersten Blick hin positiv erscheinen, es aber gleichzeitig erfahrenen Lesern ermöglichen, fein abgestufte Noten zu erkennen. Insofern ist es sicher zutreffend, dass es sich um einen Code handelt, der nur entschlüsselt werden kann, wenn dem Leser die Systematik bekannt ist. Aufgrund der vielen Informationsquellen, die heute zur Verfügung stehen, ist dieser Code jedoch längst nicht mehr geheim. Selbst die Arbeitsgerichte sehen keinen Verstoß gegen Wahrheit und Klarheit, wenn diese Abstufungen benutzt werden.

Problematisch sind diese codierten Formulierungen vor allem deshalb, weil es immer wieder vorkommt, dass diejenigen, die ein Zeugnis ausstellen, nicht um die Bedeutung der Codes wissen. So wird aus einer an sich gut und positiv gemeinten Formulierung schnell ein Bumerang für den Empfänger. Gerade in kleineren Unternehmen, die oft nur wenig Erfahrung in der Zeugniserstellung haben, geschehen diese Fehler häufiger. Meist soll dabei der ausscheidende Mitarbeiter nicht versteckt negativ beurteilt werden, es handelt sich eher um die Unkenntnis der speziellen Zeugnissprache, die nichts mit dem allgemeinen Sprachgebrauch und Sprachver-

ständnis zu tun hat. So wird aus gut gemeinten Beurteilungen und einem vermeintlichen Lob für die erbrachten Leistungen schnell eine Abqualifizierung des Empfängers. Sind auch diesem die Bedeutungen nicht bewusst, wundert er sich wahrscheinlich, warum er trotz des guten Zeugnisses immer wieder Absagen erhält.
Was diese Codierungen im Einzelnen bedeuten und welche Leistungsabstufungen damit bei den verschiedenen Zeugnisarten einhergehen, finden Sie im 12. Kapitel.

Satzzeichen

Im Allgemeinen sind Satzzeichen nun wirklich keine Form von geheimen Kennzeichnungen. Allerdings können fehlende oder falsch gesetzte Zeichen durchaus einen schlechten Eindruck beim Leser hinterlassen. Sie fallen dabei jedoch nicht immer nur auf den Aussteller zurück, sondern führen oft auch zu Rückschlüssen auf den Empfänger. Zum einen erhebt sich die Frage, warum der Empfänger die Fehler nicht bemerkt und eine Änderung gefordert hat. Ist er vielleicht selbst der Rechtschreibung nicht mächtig? Zum anderen wird gelegentlich der Schluss daraus gezogen, dass der Schreiber damit andeuten will, dass der Empfänger in seiner Arbeitsleistung nur wenig sorgfältig ist.
Vorsicht ist immer dann geboten, wenn Satzzeichen neben der Unterschrift stehen (siehe Geheimzeichen). Auch die Verwendung von Ausrufungszeichen im Text ist ungewöhnlich und fragwürdig. Sie können andeuten, dass das Gegenteil des Gesagten gemeint ist oder dass bei diesem Punkt besondere Vorsicht geboten ist.

➲ *Achten Sie bei Arbeitszeugnissen auf die korrekte Verwendung der Satzzeichen.*

6. Kapitel

Arbeitszeugnisse selbst schreiben

Dieses Kapitel richtet sich vor allem an die Mitarbeiter, die aufgefordert werden, für sich selbst ein Zeugnis zu entwerfen. In vielen Firmen ist es heute üblich geworden, dass Führungskräfte, zuweilen aber auch Mitarbeiter allgemein, an der Erstellung ihres Arbeitszeugnisses mitwirken. Das hat den Vorteil, dass sich so manche Streitigkeit bereits im Vorfeld vermeiden lässt, weil die betreffende Person sich selbst äußern kann. Zudem sind Stellenbeschreibungen, aus denen die Aufgaben des ausscheidenden Angestellten zu ersehen wären, oft nicht vorhanden oder längst veraltet. Meist weiß der Stelleninhaber selbst tatsächlich am besten, welche Aufgaben und Tätigkeiten ihm oblagen.
Es macht letztendlich allerdings keinen allzu großen Unterschied, ob Sie Ihr eigenes Zeugnis entwerfen sollen, als Führungskraft das Arbeitszeugnis eines Mitarbeiters erstellen müssen oder ob es Ihre Aufgabe ist, generell die Zeugnisentwürfe für andere zu schreiben.

➡ *Auch für Ihren eigenen Zeugnisentwurf gilt das Prinzip der Wahrheit!*

Was bedeutet das?

Wenn Sie gebeten werden, einen Entwurf für Ihr eigenes Zeugnis zu liefern, so können Sie zunächst einmal davon ausgehen, dass Sie und das Unternehmen sich nicht gerade im Unfrieden trennen. Bei Auseinandersetzungen in der Kündigungsphase gibt es nur sehr wenige Firmen, die den betreffenden Mitarbeiter am Zeugnisentwurf mitwirken lassen.
Ihre Beteiligung entbindet allerdings den Arbeitgeber in keiner Weise davon, dass er das Zeugnis ausstellen und auch für den Inhalt gerade stehen muss. Er kann sich nicht damit herausreden, das Zeugnis sei ja schließlich von Ihnen selbst erstellt und Sie seien somit dafür verantwortlich. Es liegt allerdings in Ihrer eigenen Verantwortung, dass die Aufgaben und Kompetenzen richtig und ihrer Bedeutung gemäß wiedergegeben werden.
Wenn Sie sich bezüglich der Formulierungen auch nach der Lektüre dieses Buches noch unsicher sind, dann nehmen Sie ruhig die Hilfe von Spezialisten in Anspruch. Beim Entwurf können Sie getrost die Personalabteilung oder den Betriebsrat um Mithilfe bitten. Es steht nirgendwo geschrieben, dass Sie Ihr eigenes Zeugnis komplett selbst erstellen müssen.

➡ *Das Entwerfen des eigenen Zeugnisses kann Sie in erheblichen Stress versetzen. Lassen Sie sich deshalb auf keinen Fall in zusätzlichen Termindruck bringen.*

Das Problem der Selbsteinschätzung

Während es Ihnen wahrscheinlich nicht allzu schwer fallen wird, Ihre Aufgaben, Kompetenzen und auch Erfolge aufzuzählen und in die richtige Reihenfolge zu bringen, sieht es mit der Beurteilung der Leistungen und des Verhaltens schon ganz anders aus.

Abgesehen von einigen wenigen Menschen, denen es überhaupt nichts ausmacht, sich selbst in den höchsten Tönen zu loben, gilt für die Mehrheit immer noch der Satz: »Eigenlob stinkt.« Wenn es um Ihr Zeugnis geht, sollten Sie diesen Satz schleunigst vergessen. Gehen Sie grundsätzlich davon aus, dass Sie ein guter Mitarbeiter sind, und würdigen Sie dies auch entsprechend.

Falls Sie sich unsicher sind, kann ein Gespräch mit Ihrem direkten Vorgesetzten über Ihre Leistungen hilfreich sein. Sie müssen seine Ansicht im Zweifelsfall ja nicht unbedingt teilen und können sich selbst trotzdem in Ihrem Entwurf besser bewerten. Allerdings funktioniert dies natürlich nur dann, wenn Sie ein vernünftiges Verhältnis zu Ihrem Vorgesetzten haben und er nicht gerade der Grund ist, warum Sie das Unternehmen verlassen.

Wollen Sie nicht aus persönlichen Gründen oder auf Bitte der Personalabteilung bzw. Ihres Vorgesetzten hin, Ihre Kündigung unter Verschluss halten, können Sie auch Kollegen um ihren Rat bitten. Seien Sie dabei aber immer vorsichtig. Die meisten Kollegen haben vermutlich genauso wenig Erfahrung in der Zeugniserstellung wie Sie selbst. Manch einer hat vielleicht sogar Angst, zwischen die Fronten zu geraten, und hält sich lieber von Ihnen fern.

Ein Gespräch mit guten Freunden kann Ihnen ebenfalls nur in begrenztem Umfang helfen, denn die kennen Sie lediglich aus dem privaten Bereich und wissen wenig darüber, wie Sie in Ihrem Job sind. Partner sind im Normalfall nicht gerade die geeignetsten Personen für diese Art von Feedback. Zum einen kennen auch sie die Arbeitssituation nicht, zum anderen können solche Gespräche ziemlich unangenehm werden und sehr schnell in Auseinandersetzungen ausarten. Letztlich müssen Sie also Ihre Leistungsbeurteilung mehr oder weniger alleine vornehmen.

Beurteilen Sie Ihre Leistungen und Ihr Verhalten lieber positiver, als Sie selbst sich sehen. Abstufungen lassen sich später immer noch vornehmen. Machen Sie sich also nicht gleich selbst schlechter, als Sie sind.

Zu viel oder zu wenig?

Erstaunlicherweise schreiben die meisten Menschen in ihren eigenen Zeugnisentwürfen sehr viel weniger, als Sie das für Kollegen tun würden. Stellen Sie deshalb alles zusammen, was Ihnen einfällt, und wenn es am Ende fünf Seiten sind! Gekürzt wird fast immer noch. Außerdem ist es sehr viel leichter, etwas zu streichen, als später noch vergessene Punkte für die Aufnahme in das Zeugnis durchzusetzen.

Mehr ist in diesem Fall eindeutig besser als weniger!

Schreiben Sie zunächst einfach alle Ihre Tätigkeiten und Aufgaben nieder. Meist reicht dafür ein Durchgang nicht aus, denn kaum jemand kann alle seine Aufgaben aus dem Stegreif aufzählen. Streichen Sie dann die Dinge weg, die nebensächlich und gleichzeitig unbedeutend sind. Verfahren Sie genauso mit den Aufgaben, die jeder als zu dieser Position gehörig und nicht erwähnenswert ansehen dürfte. Konzentrieren Sie sich auf die wichtigsten Punkte und stellen Sie diese so dar, dass ein Außenstehender sich etwas darunter vorstellen kann.

Verzichten Sie vor allem auf rein firmeninterne Abkürzungen. Vergessen Sie auch nicht Ihre Kompetenzen und gegebenenfalls die Anzahl der Ihnen unterstellten Mitarbeiter. Loben Sie sich ruhig selbst für die erbrachten Leistungen. Versuchen Sie dabei aber gleichzeitig, nahe an der Realität zu bleiben.

➲ *Im Sinne von Arbeitszeugnissen ist auch die Schulnote Zwei noch immer ein sehr gutes Zeugnis, das sicher nicht jeder erhält.*

Fallen vermeiden

Ihr eigener Entwurf eines Arbeitszeugnisses kann unter Umständen tatsächlich zu einer Falle werden:

- Bewerten Sie sich selbst schlechter, als Sie sind, so kann der Arbeitgeber natürlich diese Bewertung übernehmen. Sie können nicht dagegen vorgehen, da Sie sich selbst ja auch nicht besser bewertet haben. Also lieber eine Stufe besser benoten, als es vielleicht Ihrem Empfinden oder Ihrer Zurückhaltung entspricht. Understatement zahlt sich bei Zeugnissen in keinem Fall aus! Sie meinen es gut, kennen aber die allgemein gebräuchlichen Formulierungen nicht und schießen deshalb ein Eigentor. Kein Grund zur Sorge. In den Kapiteln zu den einzelnen Zeugnissen finden Sie alle Formulierungen und Ihre Bedeutung bzw. Übersetzung. Diese Falle können Sie also mit Sicherheit umgehen.
- Sie bewerten sich besser, als Ihr Arbeitgeber Sie beurteilen würde, und müssen nun in einem Gespräch dafür gerade stehen. Zunächst einmal ist es Ihr gutes Recht, sich selbst in einem anderen Licht zu sehen als Ihr Vorgesetzter dies tut! Sie müssen

sich dafür keineswegs rechtfertigen oder gar entschuldigen. So lange Sie in der Lage sind, Ihre Leistungsbewertung mit Beispielen zu belegen, ist doch alles in Ordnung. So mancher gute eigene Entwurf hat sich nur deshalb durchgesetzt, weil der Mitarbeiter seine Position klar vertreten hat und sich nicht ins Bockshorn jagen ließ.

➲ *Stehen Sie zu Ihrem Entwurf und den darin gemachten Aussagen und Bewertungen! Lassen Sie sich nur dann etwas abhandeln, wenn Sie den Grund dafür auch einsehen und akzeptieren können.*

7. Kapitel

Das Ausbildungszeugnis

Was ist das?

Das Ausbildungszeugnis ist im Grunde genommen nichts anderes als ein Arbeitszeugnis. Es wird grundsätzlich nur am Ende der Ausbildungszeit erstellt. Im Unterschied zu einem »normalen« Arbeitszeugnis enthält es den Ausbildungszweig und das erreichte Ausbildungsziel. Außerdem werden die erworbenen Kenntnisse und Fähigkeiten aufgezählt. Dadurch sind die meisten Ausbildungszeugnisse umfangreicher als ein einfaches Arbeitszeugnis. Auf Wunsch müssen Ausbildungszeugnisse auch die Bereiche Leistung und Verhalten bewerten, womit quasi ein »qualifiziertes Ausbildungszeugnis« entsteht.

Für wen ist es geeignet?

Laut Berufsbildungsgesetz muss jedem Auszubildenden am Ende seiner Ausbildungszeit ein Zeugnis ausgestellt werden. Dies ist unabhängig davon, ob das Ausbildungsziel erreicht wurde, die Ausbildung ohne Abschluss beendet oder ob sie gar abgebrochen wurde.
Das Ausbildungszeugnis spielt vor allem dann eine große Rolle, wenn keine Übernahme durch den ehemaligen Ausbildungsbetrieb erfolgt. Es ist dann das erste »Arbeitszeugnis«, das der Bewerbung um eine neue Stelle dient.
Auch für Praktikanten und Volontäre eignet sich eine Art Ausbildungszeugnis. Hier werden neben den durchgeführten Tätigkeiten

die erlernten Fähigkeiten angegeben. Auch diese Zeugnisse können auf Wunsch zu qualifizierten Zeugnissen werden. Für die spätere Stellensuche machen sich solche Zeugnisse gut, dokumentieren sie doch, dass bereits erste Erfahrungen aus der Arbeitswelt vorliegen. Selbst für Ferienjobs eignen sich Ausbildungszeugnisse, da sie einen Nachweis darüber erbringen, was gelernt worden ist. Gerade Schülern können derartige Zeugnisse helfen, später leichter einen Ausbildungsplatz zu finden. Zum einen kann ein Ausbildungsbetrieb erkennen, dass der Bewerber bereits Leistungen gebracht und im Berufsleben etwas gelernt hat. Zum anderen wird es für den Betrieb auch leichter, sich ein Bild des Kandidaten zu machen. Denn außer einem Schulzeugnis, meist noch nicht einmal dem Abschlusszeugnis, und einem kurzen Lebenslauf gibt die Bewerbung um eine Lehrstelle kaum Informationen über den dahinter stehenden Menschen preis. Auch bei kurzfristigen Nebenjobs von Schülern und Studenten kann sich ein Zeugnis an das Ausbildungszeugnis anlehnen. Handelt es sich dagegen um länger laufende Nebentätigkeiten, empfiehlt es sich eher, ein einfaches oder, falls möglich, ein qualifiziertes Arbeitszeugnis zu erstellen. Dies vor allem deshalb, weil die Lernphase hier aufgrund der Dauer der Beschäftigung gegenüber der Tätigkeit in den Hintergrund tritt.

Was muss im Zeugnis stehen?

Ausgehend von einem klassischen Ausbildungszeugnis müssen folgende Punkte enthalten sein:

- Die persönlichen Daten, zumindest also der Familienname.
- Die Dauer des Ausbildungsverhältnisses.
- Die Art und das Ziel der Berufsausbildung.
- Die erworbenen Kenntnisse und Fähigkeiten.

Bei der Dauer des Ausbildungsverhältnisses muss die tatsächliche Ausbildungszeit angegeben werden, nicht die im Ausbildungsvertrag vereinbarte Zeit. Im Normalfall endet das Ausbildungsver-

hältnis mit dem Bestehen der Abschlussprüfung. Muss die Prüfung wiederholt werden, so verlängert sich die Ausbildungszeit und dieser Zeitraum wird im Zeugnis genannt.
Die Art und das Ziel der Ausbildung sind so anzugeben, wie der Ausbildungsberuf auch im Ausbildungsvertrag bezeichnet ist.
Bei den erworbenen Kenntnissen und Fähigkeiten muss als Minimalanforderung wenigstens vermerkt sein, dass die dem Ausbildungsberuf entsprechenden Fertigkeiten vermittelt worden sind.

Was sollte im Zeugnis stehen?

Es sollte immer eine Überschrift vorhanden sein, die auf einen Blick erkennen lässt, worum es geht. In diesem Fall also Zeugnis, Ausbildungszeugnis oder Berufsausbildungszeugnis.
Wegen des besseren optischen Eindrucks sollte neben dem Familiennamen auch der Vorname genannt sein. Gelegentlich wird sogar davon ausgegangen, dass nur durch beide Namen eine eindeutige Beschreibung des Zeugnisempfängers erfolgt ist.
Ob das Geburtsdatum und eventuell gar der Geburtsort genannt werden ist eher eine Frage des Stils, denn eine Frage der Vollständigkeit.
Wurde die Prüfung vorzeitig abgelegt, also eine Ausbildungszeitverkürzung erreicht, sollte dies im Zeugnis ausdrücklich erwähnt werden. Schließlich ist eine Verkürzung nur bei entsprechenden Leistungen in der Berufsschule und im Betrieb möglich und weist deshalb auf entsprechende Leistungen des Auszubildenden hin.
Es sollte auch angegeben werden, vor welchem Ausschuss, also Handwerkskammer oder Industrie- und Handelskammer, die Prüfung abgelegt worden ist. Sinnvollerweise wird der Name der Kammer noch um die Ortsangabe ergänzt.
Die Gesamtnote, mit der die Abschlussprüfung bestanden worden ist, sollte ebenfalls erwähnt werden. War das Ergebnis nicht gerade ein Ruhmesblatt, kann es sinnvoller sein, nur die Tatsache des Bestehens zu erwähnen und die Note unter den Tisch fallen zu lassen.
Besser als die knappe Angabe, dass die entsprechenden Kenntnisse und Fertigkeiten vermittelt worden sind, ist eine Aufzählung der ge-

lernten Ausbildungsinhalte. Gemeint sind damit die praktischen Tätigkeiten der Ausbildung. Dies trägt darüber hinaus dazu bei, dem Zeugnis einen gewissen Umfang zu verleihen, auch wenn gegen ein kurzes, aber vollständiges Zeugnis rein rechtlich nichts einzuwenden ist. Aussagefähiger wird ein Ausbildungszeugnis dann, wenn der Grad der erreichten Fertigkeiten ebenfalls angegeben wird. Dann handelt es sich allerdings bereits um ein qualifiziertes Zeugnis, das nur auf Wunsch des Auszubildenden angefertigt werden darf. Meist wird hier neben den Leistungen im Betrieb auch eine Aussage über die schulischen Leistungen bzw. den Bereich der Theorie gemacht.
Das Verhalten gegenüber Vorgesetzten bzw. den Ausbildern und gegenüber den Mitarbeitern des Unternehmens darf nur in einem qualifizierten Ausbildungszeugnis bewertet werden. Ob auch Aussagen über das Verhältnis der Auszubildenden untereinander gemacht werden, ist eher Geschmackssache. Es ist eigentlich nur dann angebracht, wenn die Auszubildenden in Gruppen zusammengearbeitet haben, beispielsweise in einer Lehrfirma oder in einem gemeinsamen Projekt.
Auch die Teilnahme an Seminaren, sei es bei den Handwerks- oder Handelskammern, sei es innerbetrieblich oder bei anderen Institutionen, sollte in einem Ausbildungszeugnis Platz finden.
Sollte es nach dem Ende der Ausbildung zu keiner Übernahme kommen, können gute Wünsche für die Zukunft zumindest hilfreich für die Stellensuche sein. Gibt es betriebliche Gründe, die eine Übernahme unmöglich machen und die außenstehenden Dritten mitgeteilt werden können, sollten diese angegeben werden. Damit wird einem Leser deutlich, dass die Ursache der nicht erfolgten Weiterbeschäftigung nicht an der Person des Auszubildenden lag.
Wird der ehemalige Auszubildende übernommen, so sollte dieser Umstand am Ende des Zeugnisses durchaus Erwähnung finden. Schließlich könnte es sein, dass der neue Mitarbeiter sich nach kurzer Zeit doch zum Weggang entschließt und das Ausbildungszeugnis für seine Bewerbung benötigt. Der Umstand der Übernahme ist auf jeden Fall ein positives Merkmal und sollte deshalb nicht fehlen.
Aktivitäten in der Jugendvertretung eines Betriebs sind genauso

zu behandeln wie die Zugehörigkeit zum Betriebsrat: Sie dürfen nur auf ausdrücklichen Wunsch des Empfängers erwähnt werden. Zu guter Letzt kann natürlich auch besonderes, über das normale Maß hinausgehendes Engagement von Auszubildenden lobend angeführt werden.

Ein qualifiziertes Ausbildungszeugnis muss vom Auszubildenden ausdrücklich verlangt werden. Andernfalls erhält er lediglich ein einfaches Ausbildungszeugnis.

Was hat im Zeugnis nichts zu suchen?

Neben den allgemein nicht zu erwähnenden Punkten

- Krankheiten,
- Straftaten,
- Geheimzeichen u. Codes,
- Korrekturen,
- Mitarbeit in der Jugendvertretung (falls nicht v. Empfänger gewünscht),

gibt es bei Ausbildungszeugnissen noch einen weiteren, äußerst wichtigen Punkt, der keine Erwähnung finden darf. Wird die Abschlussprüfung nicht bestanden und wiederholt der Auszubildende diese, dann darf dieser Umstand nicht im Zeugnis aufgenommen werden! Erst wenn die Prüfung endgültig nicht bestanden worden und somit auch kein weiterer Anlauf mehr möglich ist, darf ein Arbeitgeber dieses Versagen in das Ausbildungszeugnis aufnehmen. Andernfalls kann eine wiederholte und bestandene Prüfung von einem Leser nur aufgrund der längeren Ausbildungszeit vermutet werden.

In einem Ausbildungszeugnis sollten sich vor allem Formulierungen finden, die der beruflichen Entwicklung nützen. Natürlich nur insoweit, als das im Rahmen der Wahrheit vertretbar ist.

Musterzeugnisse mit Kommentaren

Musterzeugnis 1

Ausbildungszeugnis

Ausbildungszeugnis

Oberhausen, 16.07.2001

Herr Carsten Meier, geboren am 16.03.1981, wurde vom 01.09.1998 bis zum 16.07.2001 in unserem Autohaus zum Kfz-Mechaniker ausgebildet.

Er schloss seine Ausbildung mit dem Bestehen der Gesellenprüfung vor der Handwerkskammer Oberhausen mit der Gesamtnote »befriedigend« ab.

Während der Ausbildung erlernte Herr Meier alle für den Beruf erforderlichen Kenntnisse und Fähigkeiten. Er ist somit in der Lage, die meisten anfallenden Reparatur- und Wartungsarbeiten an Kraftfahrzeugen eigenständig durchzuführen. Ausbildungsbegleitend hat Herr Meier einen Kurs im Autogenschweißen erfolgreich absolviert.

Herr Meier erwies sich im praktischen Bereich als überaus williger und äußerst lernbeflissener Auszubildender. Er arbeitete stets sehr sorgfältig und mit großer Gründlichkeit. Auch bewältigte er in kürzester Zeit ein außerordentlich hohes Arbeitspensum.
Sein Verhalten gegenüber Vorgesetzten und Kollegen war stets einwandfrei.

Wir freuen uns, dass wir Herrn Meier ab sofort als Gesellen in unser Team übernehmen können, und wünschen ihm weiterhin viel Erfolg.

Autohaus Nordstern GmbH
Peter Becker
Geschäftsführer

Ausbildungsberuf und -ziel sind in ausreichendem Maße genannt.

Der Abschluss mit der Schulnote 3 ist zwar nicht überragend, aber es war eben diese Note.

Die Beschreibung der Ausbildungsinhalte ist sehr knapp gehalten, erfüllt aber trotzdem das Kriterium der Vollständigkeit. Die Einschränkung, dass er die »meisten« Arbeiten selbst durchführen kann, ist durchaus in Ordnung. Nach Beendigung der Ausbildung wäre es zuviel verlangt und für einen Leser zweifelhaft, ob wirklich alle Arbeiten durchgeführt werden könnten.
Der Kurs im Schweißen gibt einen Hinweis auf die Bereitschaft zur Weiterbildung, auch wenn dieser mit Vorsicht zu behandeln ist. Vielleicht war der Kurs auch Pflichtbestandteil der Ausbildung.
Leistung und Verhalten sind insgesamt mit »sehr gut« bewertet. Allerdings mit einer Einschränkung auf die praktischen Arbeiten. Eventuell liegt eine Schwäche in der Theorie vor, die auch die Abschlussnote erklären könnte. Ein Blick in das Abschlusszeugnis der Berufsschule und das Ergebnis der theoretischen Prüfung kann hier Aufschluss bringen. Durch die Leistungs- und Verhaltensbewertung handelt es sich hier um ein qualifiziertes Ausbildungszeugnis.
Die Übernahme ist ganz sicher ein Beweis für die positive Leistung. Der Wunsch nach weiterem Erfolg liest sich gut, ist eigentlich aber selbstverständlich, wenn ein Auszubildender übernommen wird.

Musterzeugnis 2

Ausbildungszeugnis für eine Speditionskauffrau

Ausbildungszeugnis

Hannover, 20.06.2000

Frau Tanja Schönberger, geb. 20.10.1981 in Hannover, wurde in meiner Firma zur Speditionskauffrau ausgebildet. Die Ausbildung begann am 01.09.1997 und endete mit dem heutigen Tage. Die Prüfung zur Speditionskauffrau wurde vor der IHK Hannover mit der Note »Ausreichend« abgelegt.

Frau Schönberger hatte Gelegenheit, in den Abteilungen Inland, Export, Import und Zoll die dem Berufsbild entsprechenden Kenntnisse zu erwerben.

Wir bedauern, auf ihre weitere Mitarbeit verzichten zu müssen. Für die Zukunft wünschen wir Frau Schönberger alles nur erdenklich Gute.

Spedition Rodemer
Klaus Rodemer

Dieses einfache Ausbildungszeugnis ist die Minimallösung, die für einen Ausbildungsbetrieb möglich ist.

Kritisch ist die Aussage, dass Gelegenheit bestand, die Fertigkeiten zu erwerben. Daraus wird im Allgemeinen geschlossen, dass die Auszubildende die Chance hatte, etwas zu lernen, diese aber nicht wahrnahm.
Die guten Wünsche und das Bedauern wirken schon fast ironisch, wenn man sie mit der Prüfungsnote und der Gelegenheit zum Lernen in Verbindung bringt.
Insgesamt wird hier eine mangelhafte Leistung bescheinigt, auch wenn mit keiner Silbe auf die Leistung an sich eingegangen wird. Mit diesem Zeugnis wird es schwer sein, sich erfolgreich zu bewerben.

Checkliste

Anhand der nachfolgenden Checkliste können Sie – sowohl als Empfänger wie auch als Aussteller eines Zeugnisses – noch einmal überprüfen, ob alle wichtigen Kriterien vorhanden und erfüllt sind.

CHECKLISTE 1

Checkliste für Ausbildungszeugnisse

	Ja	Nein
Ist die Rechtschreibung korrekt?	❑	❑
Ist das Zeugnis frei von Korrekturen?	❑	❑
Ist das Zeugnis wohlwollend formuliert?	❑	❑
Wird ein Geschäftsbogen mit allen Angaben als Papier benutzt?	❑	❑
Sind Ort und Datum der Ausstellung korrekt angegeben?	❑	❑
Ist das Zeugnis von einer vertretungsberechtigten Person unterschrieben?	❑	❑
Ist eine Überschrift »Ausbildungszeugnis« oder »Berufsausbildungszeugnis« vorhanden?	❑	❑
Ist der Familienname, am besten zusammen mit dem Vornamen, genannt?	❑	❑
Das Geburtsdatum sollte eingetragen sein. Eventuell auch der Geburtsort.	❑	❑
Sind Ausbildungszweig und Ausbildungsziel so angegeben, wie sie im Ausbildungsvertrag bezeichnet sind?	❑	❑
Ist die tatsächliche Dauer des Ausbildungsverhältnisses angeführt?	❑	❑
Ist das Bestehen der Prüfung erwähnt?	❑	❑
Wurde auf einen Hinweis zu einer wiederholten Prüfung verzichtet?	❑	❑

	Ja	Nein
Ist die Prüfungs-Gesamtnote genannt? (Möglichst nur bei guten Noten)	❑	❑
Wird auf eine vorgezogenen Prüfung hingewiesen?	❑	❑
Ist die prüfende Kammer mit Namen und Ort bezeichnet?	❑	❑
Sind die erworbenen Kenntnisse und Fähigkeiten, möglichst in ausführlicher Form, aufgeführt?	❑	❑
Ist bei einem qualifizierten Zeugnis die Leistung bewertet? Ist die Beurteilung korrekt?	❑	❑
Ist bei einem qualifizierten Zeugnis das Verhalten bewertet? Ist die Beurteilung korrekt? Bezieht es sich nur auf den Firmenbereich?	❑	❑
Ist die Teilnahme an zusätzlichen Seminaren erwähnt?	❑	❑
Wird überdurchschnittliches Engagement gewürdigt?	❑	❑
Wird angegeben, dass eine Übernahme erfolgt ist? Oder wird ein neutraler Grund für die Ablehnung der Übernahme genannt?	❑	❑
Gibt es als Bonus gute Wünsche für die Zukunft, falls keine Übernahme erfolgt?	❑	❑
Wird auf die Angabe von Krankheiten und Straftaten verzichtet?	❑	❑
Ist die Mitarbeit in der Jugendvertretung nur auf Wunsch einbezogen?	❑	❑

Gerade bei Ausbildungszeugnissen ist an das Wohlwollen eine besonders hohe Anforderung zu stellen, da dieses Zeugnis dem Einstieg in das Berufsleben nach der Ausbildung dient. Dieser darf durch ein Zeugnis nicht unnötig erschwert werden, auch wenn natürlich die Angaben darin wahr sein müssen.

8. Kapitel

Das Zwischenzeugnis

Was ist das?

Da in den Gesetzen immer nur die Rede von einem Zeugnis bei Beendigung der Beschäftigung bzw. der Ausbildung ist, sind Zwischenzeugnisse zunächst einmal gesetzlich nicht geregelt. In der Praxis sieht dies jedoch inzwischen anders aus, auch die Arbeitsgerichte erkennen in bestimmten Fällen das Recht auf ein Zwischenzeugnis an.
Zunächst gilt es jedoch einmal die Begriffe klar zu unterscheiden, da hier immer wieder zwei verschiedene Dinge in einen Topf geworfen werden. Ein Zwischenzeugnis wird für Arbeitnehmer erstellt, die sich in einem ungekündigten Arbeitsverhältnis befinden. Ein vorläufiges Zeugnis hingegen wird dann erstellt, wenn die Kündigung bereits vorliegt bzw. wenn bei einem befristeten Vertrag das Ende näher rückt. Es ermöglicht dem Empfänger, sich mit diesem Zeugnis zu bewerben; ein endgültiges Zeugnis erhält er dann mit seinem Ausscheiden aus dem Unternehmen. Da ein vorläufiges Zeugnis sich nicht von einem »normalen« Zeugnis unterscheidet, betrachten wir hier nur die echten Zwischenzeugnisse.
Geregelt ist das Recht auf ein Zwischenzeugnis in den meisten Tarifverträgen, aufgrund seiner Bedeutung findet es sich in den Manteltarifverträgen wieder. Auch das Bundesarbeitsgericht scheint diese Regelungen in seine Rechtsprechung übernommen zu haben. Je nach Vertrag können Mitarbeiter ein Zeugnis jederzeit oder

bei berechtigtem Interesse fordern. Dieses »berechtigte Interesse« an einem Zwischenzeugnis wird im Allgemeinen bei folgenden Kriterien anerkannt:

- Der direkte Vorgesetzte wechselt in eine andere Position oder verlässt die Firma. Hier sollte vor seinem Ausscheiden eine Beurteilung durch ihn erfolgen.
- Der Arbeitnehmer wechselt in eine andere Abteilung, in einen anderen Bereich oder zu einem verbundenen Unternehmen und hat dann auch einen anderen direkten Vorgesetzten. Der Aufstieg in eine höhere Position ist ebenfalls – selbst wenn es nicht zum Wechsel des Vorgesetzten kommt – ein sinnvoller Grund für den Wunsch nach einem Zwischenzeugnis.
- Es erfolgt ein Wechsel des Arbeitnehmers in das Ausland bzw. vom Ausland wieder in das Inland.
- Eine längere Unterbrechung der Tätigkeit steht bevor. Sei es für eine Fort- oder Weiterbildungsmaßnahme, zur Ableistung des Wehr- oder Zivildienstes, für die Elternzeit (Erziehungsurlaub) oder bei einer absehbaren längeren Abwesenheit aus gesundheitlichen Gründen.
- Es sind Umstrukturierungen des Unternehmens in größerem Umfang geplant, deren Folgen noch nicht abzusehen sind. Auch Änderungen in der Gesellschaftsform werden, zumindest bei Führungskräften, als Grund anerkannt.
- Es stehen Entlassungen bevor, ohne dass abzusehen ist, welche Mitarbeiter davon betroffen sein werden. Unumgängliche Rationalisierungsmaßnahmen, ein drohendes Insolvenzverfahren oder das Risiko eines Konkurses berechtigen ebenfalls den Wunsch nach einem Zwischenzeugnis.
- Der Arbeitnehmer wird in den Betriebsrat gewählt. An sich ist eine Zwischenzeugnis in diesem Fall nur gedacht, wenn eine Freistellung erfolgt. Häufig wird aber auch ohne diese ein Zeugnis erstellt.
- Der Arbeitnehmer übernimmt ein politisches Mandat, ohne dass er aus dem Betrieb ausscheidet.

- Der Mitarbeiter benötigt ein Zeugnis für die Zulassung zu einem externen Training, einer Fortbildungsmaßnahme oder für die Weiterbildung an einer Fachschule.
- Das Zeugnis wird zur Vorlage bei einer Behörde, einem Gericht oder für einen Kreditantrag benötigt.

Selbstverständlich besteht auch dann ein Anspruch auf ein Zwischenzeugnis, wenn der Mitarbeiter sich um eine andere Stelle, egal ob innerbetrieblich oder extern, bewerben will.
Ein aus heiterem Himmel eintreffendes Zwischenzeugnis ohne Anforderung sollte Sie auf jeden Fall stutzig werden lassen. Fragen Sie unbedingt nach, warum es ausgestellt worden ist. Es kann durchaus sein, dass Ihr Vorgesetzter das Unternehmen verlässt oder den Aufgabenbereich wechselt und Sie noch nichts davon wissen. Es kann allerdings genauso gut sein, dass hier ein Wink mit dem Zaunpfahl erfolgt und Sie Ihre Position im Betrieb einmal gründlich unter die Lupe nehmen sollten. Dies gilt übrigens nicht nur dann, wenn es sich um eine schlechte Bewertung handelt! Auch das Wegloben von Mitarbeitern ist durchaus üblich.

➡ *Das Zwischenzeugnis geht nach der Aushändigung an den Empfänger auch in dessen Hände über. Die gelegentlich von Arbeitgebern gestellte Forderung nach der Rückgabe aller Zwischenzeugnisse dann, wenn ein Endzeugnis übergeben wird, ist somit nicht gerechtfertigt.*

Grund oder Androhung der Kündigung?

Die Anforderung eines Zwischenzeugnisses wird in manchen Unternehmen, egal ob von der Geschäftsleitung, der Personalabteilung oder den direkten Vorgesetzten, als Androhung einer bevorstehenden Kündigung verstanden. Achten Sie als Mitarbeiter deshalb sorgfältig darauf, Ihre Forderung nach einem Zeugnis niemals mit anderen Ansprüchen zu vermischen. Natürlich ist es legitim, sich mit einem möglichst aktuellen Zeugnis anderswo bewerben zu wollen. Prüfen Sie lieber vorher, ob der Manteltarifvertrag Ihnen nicht vielleicht einen anderen Grund als den geplanten Wechsel liefert.

Überlegen Sie sich auch, ob es wirklich sinnvoll ist, den derzeitigen Arbeitgeber über Ihre Zukunftspläne zu informieren. In den meisten Unternehmen ist bereits die Absichtserklärung eines möglichen Wechsels das Ende der Karriere. Klappt es dann mit der neuen Stelle nicht, müssen Sie einen Rückzieher machen. Das eventuell zerschlagene Porzellan lässt sich so leicht nicht wieder kitten. Ein Zwischenzeugnis nur zu Bewerbungszwecken ist eher unüblich und stößt deshalb bei manchen potenziellen neuen Arbeitgebern auch auf Skepsis bzw. führt zu Nachfragen bei dem Bewerber, eventuell gar zu Rückfragen beim derzeitigen Arbeitgeber. Gelegentlich kommt es vor, dass Mitarbeiter kurz nach ihrer Bitte um ein Zwischenzeugnis eine Kündigung seitens des Arbeitgebers erhalten. Diese Fälle haben glücklicherweise stark abgenommen, da die Arbeitsgerichte alleine aufgrund der zeitlichen Nähe beider Faktoren misstrauisch sind. Der Wunsch nach einem Zwischenzeugnis rechtfertigt in keinem Fall eine Kündigung des Arbeitsvertrags!

➡ *Wer die Anforderung eines Zwischenzeugnisses dazu benutzt, eine höhere Bezahlung, eine Beförderung oder eine sonstige Vergünstigung einzufordern, spielt mit dem Feuer und riskiert seinerseits die Kündigung durch den Arbeitgeber.*

Für wen ist es geeignet?

Grundsätzlich eignet sich ein Zwischenzeugnis für alle Arbeitnehmer.

Es wäre durchaus sinnvoll, bereits bei Abschluss eines Arbeitsvertrags auszuhandeln, dass in regelmäßigen Abständen und bei besonderen Anlässen, wie sie oben bereits genannt wurden, ein Zwischenzeugnis erstellt wird. Leider findet sich ein solcher Passus so gut wie nie in einem Vertrag. Eine Ausnahme stellen hier die Beamten dar. Für sie ist in der Bundeslaufbahnverordnung (BLV) unter § 40 (Allgemeines) Folgendes festgeschrieben:

»Eignung und Leistung des Beamten sind mindestens alle fünf Jahre oder wenn es die dienstlichen oder persönlichen Verhältnisse erfordern zu beurteilen. Die Beurteilung ist dem Beamten in ihrem vollen Wortlaut zu eröffnen und mit ihm zu besprechen. Die Eröffnung ist aktenkundig zu machen und mit der Beurteilung zu den Akten zu nehmen.«

Zwischenzeugnisse sind für den Arbeitnehmer meist ein positiver Fall. In der Mehrzahl der Gründe, die zur Ausstellung des Zeugnisses führen, will das Unternehmen den Mitarbeiter ja behalten. Deshalb sind diese Zeugnisse normalerweise freundlich formuliert, um die Motivation entsprechend hoch zu halten. Selbst wenn die Kündigung aufgrund von allgemeinen Entlassungen, Umstrukturierungen oder einer Unternehmenskrise droht, sind die meisten Arbeitgeber bemüht, positive Zeugnisse zu erteilen. Die betroffenen Mitarbeiter sollen schließlich bis zum letzten Tag Leistungen erbringen. Gleichzeitig hilft es dem Unternehmen, wenn die Arbeitnehmer schnellstmöglich neue Jobs finden.

Speziell bei Mitarbeitern, die ausschließlich in Projekten arbeiten, ist es sinnvoll, nach Abschluss des jeweiligen Projekts um ein Zeugnis zu bitten.

Was muss im Zeugnis stehen?

- Der Name des Empfängers, möglichst mit dem Vornamen. Zum Namen gehören auch eventuell vorhandene Titel.
- Das Eintrittsdatum.
- Die Bezeichnung der Position oder der Funktion.
- Die Beschreibung der Aufgaben. Dies kann durchaus in Form einer Aufzählung erfolgen.
- Ort und Datum der Ausstellung.
- Die Unterschrift mindestens einer vertretungsberechtigten Person.

Beamte müssen es sich gefallen lassen, dass in ihren Beurteilungen, die eher einem Zwischenzeugnis gleichzusetzen sind, grundsätzlich auch Bewertungen bzw. Beurteilungen vorgenommen werden. Zudem wird immer eine Aussage über die weiteren beruflichen Einsatzmöglichkeiten getroffen. Dies ist in der BLV § 41 (Inhalt) geregelt:
»(1) Die Beurteilung soll sich besonders erstrecken auf die allgemeine geistige Veranlagung, Charakter, Bildungsstand, Arbeitsleistung, soziales Verhalten und Belastbarkeit.
(2) Die Beurteilung ist mit einem Gesamturteil und mit einem Vorschlag für die weitere dienstliche Verwendung abzuschließen.«

Was sollte im Zeugnis stehen?

Es sollte mit dem Wort »Zwischenzeugnis« als Überschrift versehen sein, um deutlich zu machen, dass es zum einen ein Zeugnis, zum anderen eben ein Zwischenzeugnis ist.
Das Geburtsdatum sollte angegeben werden. Auf die Nennung des Geburtsorts kann verzichtet werden.
Zwischenzeugnisse werden fast immer in Form von qualifizierten Zeugnissen geschrieben, um einen höheren Aussagegehalt zu erzielen. Deshalb erfolgt auch eine Bewertung bzw. Beurteilung der

Leistung und des Verhaltens. Als Empfänger müssen Sie allerdings kein qualifiziertes Zwischenzeugnis akzeptieren. Sie können durchaus auf der einfachen Form bestehen.
Besondere Kenntnisse und Fähigkeiten sowie Fort- und Weiterbildungen sollten erwähnt werden, sofern sie ein positives Licht auf den Empfänger werfen.
Die meisten Zwischenzeugnisse enthalten eine Angabe darüber, warum sie ausgestellt worden sind. Ob ein Ausstellungsgrund genannt wird oder nicht, ist eine Frage des Einzelfalls. Gegen die Bemerkung: »Dieses Zeugnis wird auf Wunsch von Herrn Huber erteilt«, ist sicher nichts einzuwenden. Auch differenzierte Begründungen, die dem Empfänger eher einen Vorteil verschaffen, weil sie nichts mit seiner Person zu tun haben, werden kaum zu Auseinandersetzungen führen. Wurde als Grund vom Mitarbeiter die Vorlage bei Gericht genannt, dann muss er sich zum Beispiel auch den Vermerk: »Dieses Zeugnis wurde zur Vorlage beim Landgericht München erstellt«, gefallen lassen.
Eine Schlussformulierung sollte in einem guten Zwischenzeugnis ebenfalls enthalten sein. Dies kann die Hoffnung auf die weiterhin gute Zusammenarbeit sein, gute Wünsche für die neuen Aufgaben im Unternehmen oder auch das Bedauern über den Verlust des Mitarbeiters sein, wenn das Zeugnis aufgrund von bevorstehenden Entlassungen erteilt wurde.

Was hat im Zeugnis nichts zu suchen?

- Die Mitarbeit im Betriebsrat, es sei denn, der Empfänger wünscht ihre Erwähnung.
- Angaben zu Krankheiten oder Krankheitszeiten, sofern sie nicht Auswirkungen auf die Berufsausübung haben.
- Die Erwähnung von Straftaten, die nicht im Zusammenhang mit der beruflichen Tätigkeit stehen.
- Schreibfehler bzw. Korrekturen.
- Geheimzeichen.

Musterzeugnisse mit Kommentaren

Musterzeugnis 3

Zwischenzeugnis für einen Sachbearbeiter

Zwischenzeugnis

Herr Bernd Müller, geboren am 20.10.1962, trat am 10.09.1980 als Sachbearbeiter in die Vertriebsregion Nord ein.

Sein Aufgabenbereich umfasste hauptsächlich:
die Erstellung von Präsentations- und Tagungsunterlagen,
die Koordination und Betreuung des kaufmännischen Außendienstes,
die Überwachung und Auswertung von Verkaufsaktionen,
die Korrespondenz mit dem Außendienst und unseren Kunden,
die Vertretung bei Abwesenheit des Vertriebsleiters.

Herr Müller hat alle ihm übertragenen Aufgaben mit großer Sorgfalt zu unserer vollsten Zufriedenheit ausgeführt. Er zeigte immer eine umsichtige und selbstständige Arbeitsweise. Auch in Zeiten hoher Arbeitsbelastung behielt er stets den Überblick. Seine Kontakte zu Kunden und sein Verhalten gegenüber Vorgesetzten und Mitarbeitern waren jederzeit einwandfrei.

Aufgrund seiner sehr guten Berufserfahrung, seiner selbstständigen Arbeitsweise und der erbrachten Leistungen kommen wir seinem Wunsch gerne nach, ihn ab 10.07.2002 in unserem Außendienst als Bezirksleiter einzusetzen.

Dieses Zwischenzeugnis wurde aufgrund des Wechsels der Position erstellt. Wir wünschen Herrn Müller alles Gute und auch weiterhin viel Erfolg in unserem Unternehmen.

Hamburg, 10.07.2002

ABCD GmbH

A. Berger Vertriebsleiter	C. Dengler Personalleiter

Die Beschreibung der Aufgaben beschränkt sich auf das Wesentliche. Zu viele Details würden einen negativen Eindruck erwecken, vor allem wenn Selbstverständlichkeiten aufgeführt werden. Die Vertretung des Vertriebsleiters gibt einen ersten Hinweis darauf, dass es sich nicht gerade um eine der »niedrigeren« Positionen auf der Ebene der Sachbearbeiter handelt.
Große Sorgfalt und vollste Zufriedenheit bedeuten die Note Gut für dieses Zeugnis. Auch Umsicht und Sorgfalt liegen zwischen den Schulnoten 1 und 2.
Der Hinweis auf die Belastbarkeit ist sehr positiv und zeigt an, dass dieser Mitarbeiter auch unter Stress und Druck seine Qualität beibehält.
Das Verhalten wird mit »sehr gut« bewertet. Dies ist vor allem im Hinblick auf den Kundenkontakt in Vertriebspositionen ein wichtiges Kriterium für die weitere Karriere.
Es wird noch einmal die Selbstständigkeit betont und die Qualität seiner Erfahrungen gelobt. Auch wenn die Leistungen nicht bewertet werden, ergibt sich aus diesem Absatz zumindest der Eindruck guter bis sehr guter Noten. Ansonsten hätte man ihm die neue Aufgabe sicher nicht übertragen.
Die Angabe des Ausstellungsgrunds ist in Ordnung und in diesem Fall auch unproblematisch.
Die guten Wünsche müssen sein, denn schließlich wird die Zusammenarbeit ja fortgesetzt. Auch die Bemerkung »weiterhin viel Erfolg« zeigt noch einmal an, dass es sich um einen erfolgreichen Mitarbeiter handelt.
Die Angabe von Ausstellungsort und -datum am Ende des Zeugnisses ist eine Möglichkeit der Schreibweise. Der krumme Termin stört in diesem Zeugnis nicht, da eine Weiterbeschäftigung erfolgt. Es ist zu vermuten, dass es durch den internen Wechsel ohne Einhaltung von Fristen resultiert.

Musterzeugnis 4

Zwischenzeugnis für einen Mechaniker

Zwischenzeugnis

Herr Michael Berger trat am 01.01.2000 als Kfz-Mechaniker in mein Autohaus ein.

Er war mit allen in einer Werkstatt anfallenden Arbeiten betraut. Dabei war Herr Berger stets bemüht, den Anforderungen gerecht zu werden. Sein Arbeitsgebiet beherrschte er durchaus. Des Weiteren lässt sich sagen, dass ich ihn als einen meist fleißigen und gewissenhaften Mitarbeiter kennen lernte.

Abschließend lässt sich sagen, dass er die ihm übertragenen Aufgaben im Großen und Ganzen zur Zufriedenheit erledigte.

Dieses Zwischenzeugnis wurde auf Wunsch von Herrn Berger erstellt.

Stuttgart, den 08.06.2002

Autohaus Meister
Klaus Meister

Als Fazit des Gesamteindrucks gibt es nur zwei Möglichkeiten: Entweder Herr Berger ist wirklich so schlecht, wie es die Note 5 ausdrückt, oder Herr Meister ist über den Wunsch nach einem Zwischenzeugnis so verärgert, dass das Klima nicht mehr stimmt.
Das fehlende Geburtsdatum ist ein Mangel in Bezug auf die Vollständigkeit. Ob es nun absichtlich weggelassen oder nur vergessen wurde, das Zeugnis ist dadurch anfechtbar geworden.
Die Aufgabenbeschreibung ist so dürftig, dass man sich kaum etwas darunter vorstellen kann. Zudem steht »betraut« dafür, dass Herr Berger die Arbeiten zumindest nicht vollständig erledigt hat.
Die Bemühung, den »Anforderungen gerecht zu werden« zeigt an, dass keine positiven Leistungen vorlagen. Herr Berger war bemüht, hat es aber nicht geschafft.
Auch die Fachkenntnis lässt zu wünschen übrig bzw. war mangelhaft. Auch »fleißig« und »gewissenhaft« steht für mangelnde Leistungsbereitschaft und -fähigkeit. Dies ist ebenfalls ein vernichtendes Urteil, wie es schlechter in einem Zeugnis nicht sein könnte.
Das Ausstellungsdatum ist häufig ein krummes Datum, da der Wunsch nach einem Zwischenzeugnis nicht an irgendwelche Fristen gebunden ist.

Checkliste

Anhand der nachfolgenden Checkliste können Sie – sowohl als Empfänger wie auch als Aussteller eines Zeugnisses – noch einmal überprüfen, ob alle wichtigen Kriterien vorhanden und erfüllt sind.

CHECKLISTE 2

Checkliste für Zwischenzeugnisse

	Ja	Nein
Ist die Rechtschreibung korrekt?	☐	☐
Ist das Zeugnis frei von Korrekturen?	☐	☐
Ist das Zeugnis wohlwollend formuliert?	☐	☐
Wird ein Geschäftsbogen mit allen Angaben als Papier benutzt?	☐	☐
Sind Ort und Datum der Ausstellung korrekt angegeben?	☐	☐
Ist das Zeugnis von einer vertretungsberechtigten Person unterschrieben?	☐	☐
Ist eine Überschrift »Zwischenzeugnis« vorhanden?	☐	☐
Ist der Familienname, am besten mit dem Vornamen (ergänzt um die Titel), genannt?	☐	☐
Das Geburtsdatum sollte eingetragen sein. Eventuell auch der Geburtsort.	☐	☐
Ist das Eintrittsdatum korrekt angegeben?	☐	☐
Ist die Position bzw. Funktion verständlich bezeichnet?	☐	☐
Sind die Aufgaben vollständig und nach ihrer Wichtigkeit sortiert aufgezählt?	☐	☐
Ist die Beschreibung der Aufgaben ausführlich genug?	☐	☐

	Ja	Nein
Ist bei einem qualifizierten Zeugnis die Leistung bewertet? Ist die Bewertung korrekt?	❑	❑
Ist bei einem qualifizierten Zeugnis das Verhalten bewertet? Ist die Bewertung korrekt? Bezieht es sich nur auf den Firmenbereich?	❑	❑
Ist die Teilnahme an Fort- und Weiterbildungen erwähnt?	❑	❑
Sind besondere Kenntnisse und Fähigkeiten genannt?	❑	❑
Wird überdurchschnittliches Engagement gewürdigt?	❑	❑
Ist, wenn überhaupt, ein akzeptabler Grund für die Ausstellung genannt?	❑	❑
Gibt es als Bonus den Wunsch nach einer weiteren Zusammenarbeit seitens des Ausstellers oder gute Wünsche für die Zukunft?	❑	❑
Wird auf die Angabe von Krankheiten und Straftaten verzichtet?	❑	❑
Ist die Mitarbeit im Betriebsrat nur auf Wunsch einbezogen?	❑	❑

9. Kapitel

Das einfache Zeugnis

Was ist das?

Das einfache Zeugnis ist sozusagen die klassische Variante in der Erstellung von Arbeitszeugnissen. Es gibt nur Auskunft über die Art und Dauer der Beschäftigung, ohne dass Angaben über die Führung und Leistung gemacht werden. Um es einmal ganz deutlich zu sagen: Ein einfaches Zeugnis **darf** keinerlei Bewertungen oder Beurteilungen enthalten, weder im Bezug auf die erbrachten oder nicht erbrachten Leistungen noch im Bezug auf das Führungsverhalten.

Für wen ist es geeignet?

Für wenig qualifizierte Tätigkeiten bietet sich das einfache Zeugnis an. Es wird vorausgesetzt, dass die durchgeführten Arbeiten dem üblichen Anforderungsniveau entsprachen und es nichts weiter darüber zu sagen gibt. Auch bei einer sehr kurzen Beschäftigungsdauer eignet sich ein einfaches Zeugnis. Es weckt doch gewisses Misstrauen, wenn ein Vorgesetzter Aussagen über Führung und Leistung eines Mitarbeiters trifft, den er kaum kennen lernen konnte.
Bittet ein ehemaliger Mitarbeiter lange nach seinem Ausscheiden noch um ein Zeugnis, kommt ebenfalls meist nur das einfache Zeugnis infrage. Da ehemalige Vorgesetzte oft selbst nicht mehr im Unternehmen sind und sich kaum jemand noch genau an

die Leistungen erinnern kann, ist ein einfaches Zeugnis angebracht.
Auch bei hochgradigen Spezialisten, deren Leistungen aufgrund ihrer Spezialisierung kaum zu beurteilen sind, empfiehlt sich manchmal das einfache Zeugnis. Wird alleine durch die Aufzählung der Aufgaben schon die extreme Spezialisierung deutlich, erübrigt sich die Bewertung von selbst.

Was muss im Zeugnis stehen?

Da sich das Zeugnis auf den gesamten Werdegang im Unternehmen erstreckt, also am ersten Tag beginnt, muss es auch diesen ganzen Zeitraum umfassen. Dabei ist es bei Mitarbeitern, die bereits ihre Berufsausbildung in dieser Firma absolviert haben, durchaus möglich, die Tatsache der Ausbildung lediglich zu erwähnen und darauf zu verweisen, dass über die Ausbildung ein gesondertes Zeugnis angefertigt worden ist. Dies gilt besonders dann, wenn die Ausbildung schon lange zurückliegt. Es reicht bei langjährigen Mitarbeitern allerdings nicht aus, nur über die letzte Zeit ein Zeugnis zu erstellen, und darauf zu verweisen, dass davor liegende Zeiten bereits in Zwischenzeugnissen behandelt worden sind.

- Der Name des Empfängers, möglichst mit dem Vornamen. Zum Namen gehören auch eventuell vorhandene Titel.
- Das Eintritts- und das Austrittsdatum.
- Die Bezeichnung der Position oder der Funktion.
- Die Beschreibung der Aufgaben. Diese kann durchaus in Form einer Aufzählung erfolgen. Dabei muss allerdings sicher gestellt werden, dass ein so genannter fachkundiger Dritter, der das Zeugnis liest, sich auch etwas unter den Begriffen vorstellen kann. Dieser dritten Person ist beispielsweise nicht zuzumuten, dass sie mit internen Bezeichnungen oder Kürzeln etwas anfan-

gen kann. Außerdem sollte die Beschreibung umso ausführlicher sein, je qualifizierter die durchgeführten Tätigkeiten waren.

- Ort und Datum der Ausstellung.
- Die Unterschrift mindestens einer vertretungsberechtigten Person.

Was sollte im Zeugnis stehen?

Es sollte mit dem Wort »Zeugnis« als Überschrift versehen sein, um sofort auch als solches erkennbar zu sein.
Das Geburtsdatum sollte angegeben sein. Auf die Nennung des Geburtsorts kann verzichtet werden.
Besondere Kenntnisse und Fähigkeiten sowie Fort- und Weiterbildungen sollten erwähnt werden, sofern sie ein positives Licht auf den Empfänger werfen. Dabei ist darauf zu achten, dass nur eine Nennung erfolgt, keinesfalls jedoch eine Bewertung der Güte.
Eine Schlussformulierung sollte in einem guten Zeugnis ebenfalls enthalten sein. Dies kann das Bedauern über das Ausscheiden sein, gute Wünsche für die Zukunft – vielleicht sogar explizit für den beruflichen und den privaten Bereich – oder der Dank für die geleistete Arbeit. Einen Anspruch auf eine solche Schlussformulierung gibt es jedoch nicht!
War die bisherige Position nicht gerade am untersten Ende der innerbetrieblichen Hierarchie, so sollte auch die Einstufung der Stelle genannt werden.

Was hat im Zeugnis nichts zu suchen?

- Eine Mitarbeit im Betriebsrat, es sei denn der Empfänger wünscht Angaben darüber.
- Angaben zu Krankheiten oder Krankheitszeiten, die keinerlei negativen Auswirkungen auf die Berufsausübung haben.

- Die Erwähnung von Straftaten, die in keinem Zusammenhang mit der beruflichen Tätigkeit stehen.
- Schreibfehler bzw. Korrekturen.
- Geheimzeichen.
- Bewertungen oder Beurteilungen der Leistung und der Führung, da diese in einem einfachen Zeugnis ausdrücklich nicht angesprochen werden dürfen.
- Verweise auf früher erstellte Zwischenzeugnisse. Das einfache Zeugnis ist eine Gesamtbetrachtung, die nicht durch eine Aneinanderreihung von Zwischenzeugnissen oder durch Verweise auf diese ersetzt werden kann.

Einfach oder qualifiziert?

Als Arbeitnehmer haben Sie immer die Wahl, welche Art von Zeugnis Sie erhalten wollen: ein einfaches oder ein qualifiziertes Zeugnis. Wenn Sie nicht ausdrücklich ein qualifiziertes Zeugnis verlangen, darf der Arbeitgeber grundsätzlich nur ein einfaches Zeugnis ausstellen.
Da einfache Zeugnisse nur geringen Aussagewert, vor allem bei Bewerbungen haben, verbreiten sich qualifizierte Zeugnisse immer stärker. Auch wenig qualifizierte Tätigkeiten bieten meist die Möglichkeit, zumindest je eine Aussage über die Leistung und die Führung zu treffen.
Wenn Sie allerdings damit rechnen müssen, dass Ihre Noten in den Bereichen Leistung und Führung zu Recht nur mangelhaft sein werden, kann es unter Umständen günstiger für Sie sein, nur ein einfaches Zeugnis zu verlangen. Dadurch umgehen Sie eine Bewertung und stellen sich zunächst einmal besser. Allerdings hat die Sache einen Haken: Bei höher qualifizierten Jobs und bei Führungskräften ist heute das qualifizierte Zeugnis die übliche Form.

Wird hier nur ein einfaches Zeugnis benutzt, entsteht sofort der Verdacht, dies sei geschehen, um mangelhafte Leistungen nicht dokumentieren zu müssen bzw. ihre Nennung zu vermeiden. Dies kann bei einer Bewerbung schnell zur Absage führen.

Solange es ein einigermaßen vernünftiges Verhältnis zwischen dem Mitarbeiter und dem Vorgesetzten gibt, empfiehlt es sich, vor Ausstellung des Zeugnisses ein Gespräch zu führen. Unter dem Aspekt des verständigen Wohlwollens kann eventuell auch ein qualifiziertes Zeugnis noch gute Bewerbungsaussichten versprechen.

Musterzeugnisse mit Kommentaren

Musterzeugnis 5

Einfaches Zeugnis für einen gewerblichen Angestellten

München, 30.06.2002

Zeugnis

Herr Dieter Kuntze, geboren am 16.03.1952, war vom 01.01.1986 bis zum 30.06.2002 als Wareneingangprüfer in unserem Zentrallager beschäftigt.

Autohaus Huber GmbH
Michael Huber

Musterzeugnis 6

Einfaches Zeugnis für eine Bürokraft

Augsburg, 15.05.2002

Zeugnis

Frau Erika Berner, geboren am 10.01.1950, trat am 01.03.1987 als Bürokraft in die Vertriebsleitung unseres Unternehmens ein.
Sie war in dieser Funktion für die Erstellung der Vertriebsunterlagen, die Korrespondenz und die telefonische Betreuung der Außendienstmitarbeiter zuständig.
Frau Berner verlässt uns zum 15.05.2002 aufgrund eines Umzuges nach Norddeutschland.
Wir bedauern das Ausscheiden und wünschen Ihr alles Gute für Ihren weiteren Berufs- und Lebensweg.

Sonnenschein Vertrieb
ppa. Klaus Müller

Das ist die kürzeste Form, in der ein einfaches Zeugnis erstellt werden kann. Es unterscheidet sich auch in keiner Weise von einer Arbeitsbescheinigung, ist aber dennoch formal ein korrektes Zeugnis.
Aufgrund des Fehlens einer Tätigkeitsbeschreibung oder irgendeiner Schlussformulierung wird sich der Leser sicher seinen Teil denken und annehmen, dass es über diesen Mitarbeiter nichts Positives zu sagen gibt.

Der Termin der Beendigung lässt zunächst stutzen. Zwar sind Fristen von 14 Tagen zum Monatsende nicht unüblich, nach einer langjährigen Betriebszugehörigkeit verwundern sie allerdings. Hier scheint etwas vorgefallen zu sein.
Hieraus wird deutlich, mit welchen Aufgaben die Mitarbeiterin betraut war, so dass sich der Leser ein Bild machen kann.
Die Begründung für ihr Ausscheiden lässt zwar die Frage offen, warum der Umzug erfolgt. Dies ist jedoch Privatsache und muss auch nicht erläutert werden. Zumindest wird klar, dass sie selbst gekündigt hat. Vielleicht hängt der »krumme« Kündigungstermin mit dem Umzug zusammen.
Die Schlussformel gibt gleich zwei Hinweise. Zum einen wird durch das Bedauern deutlich, dass es sich um eine gute Mitarbeiterin gehandelt hat. Insofern enthält dieses einfache Zeugnis also doch einen Hinweis auf die Leistung und das Verhalten. In dieser Form ist sicher nichts dagegen einzuwenden. Zum anderen sprechen die guten Wünsche, die sich auch auf den Privatbereich erstrecken, dafür, dass hier wirklich eine gute Mitarbeiterin die Firma verlässt.
Es stellt sich allerdings die Frage, warum man dieser positiven Mitarbeiterin dann kein qualifiziertes Zeugnis ausgestellt hat. Selbst wenn das von ihrer Seite aus nicht gefordert war, hätte das Unternehmen sie auf die Möglichkeit hinweisen können. Entweder hat der Aussteller dies nicht bemerkt oder man hat sich auf ein einfaches Zeugnis geeinigt, weil es doch Mängel in der Leistung oder im Verhalten gegeben hat und ein qualifiziertes Zeugnis ungünstig gewesen wäre.

Checkliste

Anhand der nachfolgenden Checkliste können Sie – sowohl als Empfänger wie auch als Aussteller eines Zeugnisses – noch einmal überprüfen, ob alle wichtigen Kriterien vorhanden und erfüllt sind.

CHECKLISTE 3

Checkliste für einfache Zeugnisse

	Ja	Nein
Ist die Rechtschreibung korrekt?	❑	❑
Ist das Zeugnis frei von Korrekturen?	❑	❑
Ist das Zeugnis wohl wollend formuliert?	❑	❑
Wird ein Geschäftsbogen mit allen Angaben als Papier benutzt?	❑	❑
Sind Ort und Datum der Ausstellung korrekt angegeben?	❑	❑
Ist das Zeugnis von einer vertretungsberechtigten Person unterschrieben?	❑	❑
Ist eine Überschrift »Zeugnis« vorhanden?	❑	❑
Ist der Familienname, am besten mit dem Vornamen (ergänzt um die Titel), genannt?	❑	❑
Das Geburtsdatum sollte eingetragen sein. Eventuell auch der Geburtsort.	❑	❑
Ist das Eintrittsdatum richtig angegeben?	❑	❑
Ist das Austrittsdatum korrekt genannt?	❑	❑
Erstreckt sich das Zeugnis über die gesamte Betriebszugehörigkeit?	❑	❑
Ist die Position bzw. Funktion verständlich bezeichnet?	❑	❑

	Ja	Nein
Ist gegebenenfalls die Position innerhalb der Firmenhierarchie klar eingeordnet?	❑	❑
Sind die Aufgaben vollständig und nach ihrer Wichtigkeit sortiert aufgezählt?	❑	❑
Ist die Beschreibung der Aufgaben ausführlich genug?	❑	❑
Ist die Teilnahme an Fort- und Weiterbildungen erwähnt?	❑	❑
Sind besondere Kenntnisse und Fähigkeiten genannt? Dies muss ohne eine Bewertung geschehen!	❑	❑
Ist der Grund des Ausscheidens nur dann erwähnt, wenn der Empfänger dies wünscht?	❑	❑
Gibt es als Bonus eine Schlussformulierung, möglichst mit guten Wünschen für die Zukunft?	❑	❑
Wird auf die Angabe von Krankheiten und Straftaten verzichtet?	❑	❑
Ist die Mitarbeit im Betriebsrat nur auf Wunsch einbezogen?	❑	❑
Ist das Zeugnis frei von Verweisen auf frühere Zwischenzeugnisse?	❑	❑

10. Kapitel

Das qualifizierte Zeugnis

Was ist das?

Ein qualifiziertes Zeugnis hat zunächst einmal den gleichen Inhalt wie ein einfaches Zeugnis. Dann wird es jedoch um die Aspekte Leistung und Verhalten erweitert. Hierbei gilt grundsätzlich, dass Verhalten und Leistung immer im gleichen Zeugnis bewertet werden müssen. Es ist also nicht möglich, beispielsweise nur das Verhalten zu beurteilen und die Leistungen außen vor zu lassen. Dies würde nämlich dem Gebot der Wahrheit widersprechen. Es muss auch immer die gesamte Dauer der Beschäftigung in Verbindung mit allen Teilbereichen der Tätigkeit enthalten sein. Hat ein Mitarbeiter im Laufe der Jahre in verschiedenen Abteilungen und mit verschiedenen Vorgesetzten gearbeitet, ist dies problematisch für eine Bewertung. Hier ist es hilfreich, wenn aus den einzelnen Zeitabschnitten jeweils Zwischenzeugnisse, am besten in qualifizierter Form, vorliegen.
Ein qualifiziertes Zeugnis darf grundsätzlich nur auf Verlangen des Arbeitnehmers ausgestellt werden. Dann allerdings ist der Arbeitgeber auch verpflichtet, ein solches zu erstellen. Sogar wenn zunächst – durch den Arbeitgeber oder auf Wunsch des Mitarbeiters –, ein einfaches Zeugnis geschrieben worden ist, kann seitens des Mitarbeiters nachträglich noch ein qualifiziertes Zeugnis angefordert werden. Allerdings sollte dabei nicht allzu viel Zeit vergehen, sonst kann der Anspruch auf ein qualifiziertes Zeugnis bereits verwirkt sein.

Während also ein einfaches Zeugnis im Grunde genommen nur Fakten aufzählt, beinhaltet das qualifizierte Zeugnis auch Bewertungen. Deshalb hat Letzteres seine heutige Bedeutung und starke Verbreitung erlangt, denn ein potenzieller neuer Arbeitgeber möchte auch etwas über die Qualität des Stellenbewerbers in Erfahrung bringen. Allerdings entstehen die meisten Auseinandersetzungen wegen der Arbeitszeugnisse ebenfalls aus der Tatsache, dass es um Bewertungen geht, die zu einem gewissen Grad stets subjektiv eingefärbt sind.
Auch wenn es, zumindest bisher, noch keine Norm für die Erstellung qualifizierter Zeugnisse gibt, hat sich doch ein gewisser Standard entwickelt. Personalfachleute erwarten einen strukturierten Aufbau, wie er weiter unten beschrieben ist. Zudem gehen sie davon aus, dass alle der aufgeführten Punkte im Zeugnis angesprochen sind. Fehlt ein Teil oder wird die Reihenfolge geändert, so wird bereits unterstellt, dass in diesen Bereichen Schwächen oder mangelhafte Leistungen vorliegen, ohne diese explizit nennen und damit eventuell Auseinandersetzungen mit dem Empfänger riskieren zu müssen. Juristen bezeichnen diese Vorgehensweise gerne als »beredetes Schweigen«. Sie sehen, auch durch Nichtssagen kann man etwas aussagen!

Für wen ist es geeignet?

Prinzipiell eignet es sich für alle Mitarbeiter, die ein Zeugnis benötigen, um sich anderswo zu bewerben. Aufgrund der geringen Aussagekraft von einfachen Zeugnissen wird heute, zumindest bei halbwegs qualifizierten Positionen, auch ein qualifiziertes Zeugnis in den Bewerbungsunterlagen erwartet. Fehlt ein solches, wird gelegentlich sogar unterstellt, der Empfänger habe bewusst darauf verzichtet, da die Bewertungen schlecht ausgefallen wären. Einfache Zeugnisse bei qualifizierten Mitarbeitern und Führungskräften erwecken sofort den Verdacht mangelnder Leistungen.

Auch Berufsausbildungs- und Zwischenzeugnisse werden oft in Form eines qualifizierten Zeugnisses geschrieben. Gerade bei Ausbildungszeugnisses erfolgt dies oft, ohne dass der Empfänger darum gebeten hat. Meist ist dies von Seiten des Ausbildungsbetriebs nur gut gemeint, rein rechtlich ist es jedoch nicht haltbar und muss gegebenenfalls zurückgenommen werden.

➡ *Das qualifizierte Zeugnis wird immer mehr zum Standardzeugnis in der Wirtschaft.*

Was muss im Zeugnis stehen?

Das Zeugnis muss den gesamten Zeitraum umfassen, in dem der Mitarbeiter bei dem Unternehmen beschäftigt war, beginnend mit dem ersten Tag. Hat der Mitarbeiter bereits seine Berufsausbildung in dieser Firma absolviert, reicht es aus, die Tatsache der Ausbildung lediglich zu erwähnen und darauf zu verweisen, dass darüber ein gesondertes Zeugnis erstellt worden ist. Dies gilt besonders dann, wenn die Ausbildung schon lange zurückliegt. Ein Zeugnis nur über die letzte Position, die der Mitarbeiter innehatte, reicht bei langjähriger Betriebszugehörigkeit nicht aus; der Verweis auf früher erstellte Zwischenzeugnisse genügt ebenfalls nicht dem Anspruch an ein vollständiges Zeugnis.

- Der Name des Empfängers, möglichst mit dem Vornamen. Zum Namen gehören auch eventuell vorhandene Titel.
- Das Eintritts- und das Austrittsdatum.
- Die Bezeichnung der Position oder der Funktion. Hierzu gehört auch die Einordnung der Stelle in die Unternehmenshierarchie.

- Die Beschreibung der Aufgaben. Diese kann in Form einer Aufzählung erfolgen, die allerdings sicher stellen muss, dass ein fachkundiger Dritter etwas mit den Begriffen anfangen kann. Interne Bezeichnungen oder Kürzel reichen deshalb für eine klare Aufgabenbeschreibung nicht aus.
- Prokura oder Handlungsvollmachten und zusätzliche Kompetenzen gehören ebenfalls in ein qualifiziertes Zeugnis.
- Die Beurteilung der Leistung. Sie ist elementarer Bestandteil und muss in entsprechender Ausführlichkeit beschrieben werden. Hierzu gehören folgende Unterpunkte:
  - Die Einsatzbereitschaft bzw. die Motivation.
  - Die Arbeitsleistung bzw. das Können.
  - Die Arbeitsweise bzw. die Methodik.
  - Die Arbeitsergebnisse bzw. die Erfolge.
- Die Beurteilung des Verhaltens. Hiermit ist im Normalfall eigentlich das Sozialverhalten gemeint, das heißt, wie der Mitarbeiter mit anderen zurecht gekommen ist, wie er sich geführt hat. Es geht hier nur und ausschließlich um die Führung im Unternehmen, nicht um den privaten Bereich! Dies legt auch § 630 des BGB fest: »Das Zeugnis ist auf Verlangen auf die Leistung und die Führung im Dienst zu erstrecken.« Üblicherweise erfolgt auch bei der Führung eine Aufteilung in Unterpunkte:
  - Das Verhalten gegenüber Vorgesetzten.
  - Das Verhalten gegenüber Kollegen.
  - Das Verhalten gegenüber Kunden und Geschäftspartnern.
- Ort und Datum der Ausstellung.
- Die Unterschrift mindestens einer vertretungsberechtigten Person. Üblich ist es allerdings, dass hier neben dem Personalverantwortlichen auch ein Mitglied der oberen Führungsebene unterzeichnet. Je nach Position kann das jemand aus der Geschäftsführung sein.

➲ *Achtung! Bei qualifizierten Zeugnissen spielt auch die Reihenfolge eine Rolle. Wird die Leistung erst nach dem Verhalten behandelt, so bedeutet dies bereits, dass die erbrachten Leistungen nicht gerade hervorzuheben waren.*

Was sollte im Zeugnis stehen?

Es sollte mit dem Wort »Zeugnis« als Überschrift versehen sein, um sofort als solches erkennbar zu sein. Die Bezeichnung »Qualifiziertes Zeugnis« ist nicht üblich.

Das Geburtsdatum sollte angegeben sein. Auf die Nennung des Geburtsortes kann verzichtet werden.

Die Aufgabenbeschreibung kann um die Mitarbeit in Projekten oder anderen Gremien erweitert werden, wenn diese Aufgaben zusätzlich zur eigentlichen Tätigkeit erfolgt sind. Waren das die Hauptaufgaben, gehören sie zu den Teilen, die genannt werden müssen.

Umsatz- oder Ergebnisverantwortung bzw. die Angabe des frei verfügbaren Budgets sollten unbedingt genannt werden, da sich daraus Rückschlüsse auf die Bedeutung der Position ziehen lassen.

Besondere Kenntnisse und Fähigkeiten sowie Fort- und Weiterbildungen sollten erwähnt werden. Zwar werden sie ab bestimmten Positionen grundsätzlich erwartet, ihre Nennung schadet aber ganz sicher nicht. Es können hier auch die Eigeninitiative oder Zertifikate bzw. Abschlusszeugnisse genannt werden.

Gab es ganz konkret benennbare und hervorstechende Erfolge, so sollten diese unbedingt angeführt werden. Dadurch erzielte Ergebnisverbesserungen oder Einsparungen können ebenfalls erwähnt werden, auch mit ihrem wertmäßigen Betrag.

Der Grund des Ausscheidens darf nur dann genannt werden, wenn der Mitarbeiter dies wünscht. Sinnvoll ist die Angabe immer dann, wenn die Gründe nicht in der Person des Mitarbeiters liegen, sondern in Unternehmensverkäufen, Fusionen oder wirtschaftlichen Zwangslagen. Fast schon Usus ist die Formulierung: »Herr Fliege scheidet auf eigenen Wunsch aus.«
Eine Schlussformulierung sollte in einem guten Zeugnis immer enthalten sein. Meist wird sie als Bedauern über das Ausscheiden formuliert, oft verbunden mit guten Wünschen für die Zukunft, bei sehr guten Zeugnissen explizit auch für den beruflichen und privaten Bereich. Der Dank für die geleistete Arbeit ist ebenfalls eine Möglichkeit, die Wertschätzung auszudrücken. Manchmal findet sich neben dem Bedauern noch der Hinweis darauf, dass das Unternehmen Verständnis für die Entscheidung hat, speziell dann, wenn es für den Mitarbeiter firmenintern keine weiteren Aufstiegs- oder Entwicklungsmöglichkeiten gab. Einen Anspruch auf eine solche Schlussformulierung gibt es jedoch nicht!

Was hat im Zeugnis nichts zu suchen?

- Eine Mitarbeit im Betriebsrat, es sei denn, der Empfänger wünscht ihre Erwähnung.
- Angaben zu Krankheiten oder Krankheitszeiten, die keinerlei negativen Auswirkungen auf die Berufsausübung haben.
- Die Erwähnung von Straftaten, die in keinem Zusammenhang mit der beruflichen Tätigkeit stehen.
- Schreibfehler bzw. Korrekturen.
- Geheimzeichen.
- Verweise auf früher erstellte Zwischenzeugnisse.
- Einzelne, für den Empfänger an sich aber uncharakteristische Vorkommnisse dürfen nicht erwähnt werden. Es muss ein Ge-

samtbild der Person wiedergegeben werden. Ein einmaliger Ausrutscher oder Fehler hat im Zeugnis nichts verloren.

- Misserfolge, die dadurch entstanden sind, dass die Unternehmensführung sich anders entschieden hat, dürfen dem Mitarbeiter nicht angelastet werden. Wird beispielsweise ein Projekt, das der Mitarbeiter entwickelt hat, nicht umgesetzt, weil die Geschäftsleitung neue Prioritäten setzt, so darf dies nicht als Misserfolg deklariert werden.

Musterzeugnis mit Kommentar

Musterzeugnis 7

Qualifiziertes Zeugnis für einen Außendienstmitarbeiter

Zeugnis

Herr Norbert Rothenberger, geboren am 20.11.1963, trat am 01. Januar 1996 als Bezirksleiter im Außendienst in unser Unternehmen ein.

Für das Verkaufsgebiet Südbayern waren ihm folgende Aufgaben übertragen:
Akquisition neuer Vertragspartner – Einweisung und Schulung dieser Betriebe – Erstellung der Verkaufspläne mit den Partnern – Umsetzen der vereinbarten Ziele in Bezug auf Lagerhaltung, Präsentation, Werbung und Verkauf – Qualifizierung der Partnerbetriebe – Planung und Umsetzung individueller Marketingmaßnahmen – Koordination von Messen und Ausstellungen der Partner – Durchführen von Vertragsauflösungen

Herr Rothenberger hat sich aufgrund seiner exzellenten Branchenkenntnisse und seines fundierten kaufmännischen und praktischen Wissens sehr schnell in die Materie eingearbeitet und die ihm übertragenen Aufgaben selbstständig, mit großem persönlichem und zeitlichem Engagement stets zuverlässig wahrgenommen.
Herr Rothenberger arbeitete auch unter Belastung stets erfolgreich und brachte sein Wissen und Können jederzeit ein. Bei der Bewältigung seiner umfangreichen Aufgaben kamen ihm seine Fähigkeit, Projekte strukturiert und zielsicher zu planen und gekonnt umzusetzen, zugute.
Als Berater der in seinem Gebiet tätigen Partner hat er auch schwierige Problemstellungen im Sinne unseres Unternehmens erfolgreich gelöst.
Während seiner Tätigkeit in unserem Unternehmen hat Herr Rothenberger seine guten Kenntnisse und Fähigkeiten durch die Teilnahme an internen Schulungen noch vertieft und sich vor allem im Bereich der Akquisition neuer Partner weiter qualifiziert.
Auch auf Tagungen brachte er sich stets aktiv ein und entwickelte eigenständige und praxisorientierte Problemlösungsvorschläge.
Vorgesetzte, Kollegen und die von ihm betreuten Partner schätzten an ihm sein Engagement, sein Können und seine stets freundliche Hilfsbereitschaft. Sein Verhalten war jederzeit einwandfrei.
Insgesamt erfüllte Herr Rothenberger die ihm anvertraute Funktion stets zu unserer vollen Zufriedenheit.

Herr Rothenberger verlässt unser Unternehmen auf eigenen Wunsch zum 30.06.2000, was wir sehr bedauern.
Wir danken Herrn Rothenberger für die erbrachten Leistungen und wünschen ihm für seinen weiteren Lebensweg, beruflich und privat, alles Gute.

München, den 30.06.2000

OPTIMA Elektro-Großhandels GmbH

i. V. R. Zwerger Leiter Personal	i. V. C. Sailer Leiter Vertrieb

Die Funktion von Herrn Rothenberger und auch sein Einsatzgebiet sind deutlich beschrieben.
Die Aufgabenbeschreibung ist ausführlich genug, damit sich ein Dritter ein Bild davon machen kann. Leider fehlt eine Aussage zur Umsatz- oder Ergebnisverantwortung, so dass die Frage offen bleibt, ob diese nicht gegeben war oder ob sie schlicht vergessen wurde. Ein absichtliches Weglassen ist aufgrund des positiven Gesamtbildes nicht anzunehmen.
Wissen und Engagement werden sehr gut bewertet. Die Betonung der Zuverlässigkeit ist ein kritischer Punkt. Positiv gesehen, ist Zuverlässigkeit für einen vor Ort operierenden Mitarbeiter sicher ein wesentliches Kriterium, da er das Unternehmen repräsentiert. Die Betonung könnte aber auch negativ ausgelegt werden, im Sinne der Notwendigkeit, auf diesen Punkt hinzuweisen.
Die Belastbarkeit wird sehr gut, die Fähigkeiten gut bewertet.
Die Handlung im Sinne des Unternehmens ist ein positives Merkmal. Sie lässt auch den Rückschluss zu, dass die oben erwähnte Zuverlässigkeit ebenso positiv gemeint ist.
Die Schulungsbereitschaft wird lobend erwähnt. Wichtig ist hier auch die Aussage der Vertiefung. Daraus lässt sich entnehmen, dass Herr Rothenberger bereit war, seine ohnehin guten Fähigkeiten zu verbessern.
Eigeninitiative und eigene Vorschläge sind ein wichtiges Positivmerkmal. Leider fehlt hier wieder eine weitere Aussage: Konnten seine Vorschläge umgesetzt werden?
Das Verhalten wird sehr gut bewertet, was auch durch die Ausführlichkeit der Darstellung noch hervorgehoben wird.
Die Gesamtnote ist lediglich gut. Dies verwundert bei der Menge der vorher gemachten Aussagen, die eindeutig auf eine sehr gute Beurteilung hinweisen. Vielleicht wurde aber auch bewusst auf die Note 1 verzichtet, da solche Bewerber nicht überall gerne gesehen sind. Oder es gibt einen Zusammenhang mit dem letzten Absatz, zum Beispiel der Verärgerung über das Ausscheiden, vielleicht gar einem Wechsel zur Konkurrenz.
Das Ausscheiden auf eigenen Wunsch besagt, dass Herr Rothenberger selbst gekündigt hat. Der Ausstellungstermin weist hierbei auf eine fristgemäße Kündigung hin. Das Bedauern, der Dank und die guten Wünsche sprechen wiederum für einen sehr guten Mitarbeiter, dessen Weggang sich im betreuten Gebiet eventuell in sinkenden Umsätzen bemerkbar machen kann.
Ich würde Herrn Rothenberger bei einer Bewerbung als Kandidaten mit einer insgesamt sehr guten Beurteilung sehen, auch wenn im Zeugnis nur von »Gut« die Rede ist.

Checkliste

Anhand der nachfolgenden Checkliste können Sie – sowohl als Empfänger wie auch als Aussteller eines Zeugnisses – noch einmal überprüfen, ob alle wichtigen Kriterien vorhanden und erfüllt sind.

CHECKLISTE 4

Checkliste für qualifizierte Zeugnisse

	Ja	Nein
Ist die Rechtschreibung korrekt?	❑	❑
Ist das Zeugnis frei von Korrekturen?	❑	❑
Ist das Zeugnis wohlwollend formuliert?	❑	❑
Wird ein Geschäftsbogen mit allen Angaben als Papier benutzt?	❑	❑
Sind Ort und Datum der Ausstellung korrekt angegeben?	❑	❑
Ist das Zeugnis von einer vertretungsberechtigten Person unterschrieben?	❑	❑
Ist, entsprechend der Position, eventuell eine zweite Unterschrift vorhanden?	❑	❑
Ist eine Überschrift »Zeugnis« vorhanden?	❑	❑
Ist der Familienname, am besten mit dem Vornamen (ergänzt um die Titel), genannt?	❑	❑
Das Geburtsdatum sollte eingetragen sein. Eventuell auch der Geburtsort.	❑	❑
Ist das Eintrittsdatum richtig angegeben?	❑	❑
Ist das Austrittsdatum korrekt genannt?	❑	❑
Erstreckt sich das Zeugnis über die gesamte Betriebszugehörigkeit?	❑	❑

	Ja	Nein
Ist die Position bzw. Funktion verständlich bezeichnet?	❑	❑
Ist die Einordnung der Position innerhalb der Firmenhierarchie klar angegeben?	❑	❑
Ist die Umsatz- oder Ergebnisverantwortung dargestellt?	❑	❑
Sind die Aufgaben vollständig und nach ihrer Wichtigkeit sortiert aufgezählt?	❑	❑
Ist die Beschreibung der Aufgaben ausführlich genug?	❑	❑
Sind Prokura, Vollmachten und Kompetenzen aufgeführt?	❑	❑
Ist die Leistung ausführlich bewertet? Ist die Bewertung korrekt?	❑	❑
Sind die Unterpunkte Einsatzbereitschaft / Motivation, Arbeitsleistung / Können, Arbeitsweise / Methodik, Arbeitsergebnisse / Erfolge enthalten?	❑	❑
Sind konkrete Erfolge und Ergebnisverbesserungen angeführt?	❑	❑
Ist das Verhalten ausführlich bewertet? Ist die Bewertung korrekt? Bezieht es sich nur auf den Firmenbereich?	❑	❑
Ist das Verhalten in die Unterpunkte gegenüber Vorgesetzten, gegenüber Kollegen, gegenüber Kunden und Geschäftspartnern aufgeteilt?	❑	❑
Wird aus Leistung und Verhalten ein Gesamtbild ersichtlich, ohne uncharakteristische Vorfälle?	❑	❑
Sind sowohl Leistung als auch Verhalten beurteilt? Beide Punkte müssen vorhanden sein!	❑	❑
Ist die Teilnahme an Fort- und Weiterbildungen erwähnt?	❑	❑
Ist gegebenenfalls die Eigeninitiative hierzu genannt?	❑	❑
Sind besondere Kenntnisse und Fähigkeiten genannt und eventuell auch bewertet?	❑	❑
Gibt es als Bonus eine Schlussformulierung, möglichst mit guten Wünschen für die Zukunft?	❑	❑

	Ja	Nein
Ist das Zeugnis frei von Auslassungen? Sind also alle relevanten Punkte aufgeführt?	❑	❑
Ist der Grund des Ausscheidens nur dann genannt, wenn der Empfänger dies wünscht?	❑	❑
Wird auf die Angabe von Krankheiten und Straftaten verzichtet?	❑	❑
Ist die Mitarbeit im Betriebsrat nur auf Wunsch einbezogen?	❑	❑
Ist das Zeugnis frei von Verweisen auf frühere Zwischenzeugnisse?	❑	❑

11. Kapitel

Das Zeugnis für Führungskräfte

Was ist das?

Gerade bei Führungskräften, also bei Mitarbeitern, denen Personal unterstellt ist, kommt nur ein qualifiziertes Zeugnis infrage. Die Bewerbung als Führungskraft mit einem einfachen Zeugnis führt garantiert zu einer Absage, denn man wird unterstellen, dass hier etwas nicht stimmt. Die Vermutung, dieses einfache Zeugnis sei der einzig mögliche Kompromiss zwischen Wohlwollen und Wahrheit gewesen, liegt nahe.

Neben den Inhalten, wie sie bereits beim qualifizierten Zeugnis beschrieben sind, werden Zeugnisse für Führungskräfte aber um einen weiteren Themenkomplex ergänzt: das Führungsverhalten. Gemeint ist hiermit die Fähigkeit, andere zu führen, zu motivieren und zu Höchstleistungen im Sinne des Unternehmens zu bringen. Gerade bei Führungskräften kommt es also ganz erheblich auf ihre Sozialkompetenz an. Die Arbeitsleistung wird bei ihnen sowieso meist als im positiven Sinne vorhanden betrachtet. Trotzdem darf eine ausführliche Beschreibung der Aufgaben und eine detaillierte Bewertung der Leistungen und Erfolge auf keinen Fall fehlen.

Gerade bei Bewerbungen wenden viele Firmen erhebliche Zeit und Mühe auf, um auch die richtige Führungskraft zu finden. Personelle Fehlentscheidungen in diesem Bereich sind teuer und können das gesamte Arbeitsklima auf lange Zeit hin belasten. Deshalb erwarten Personalfachleute entsprechend ausführliche Angaben in Zeugnissen für Führungskräfte.

Für wen ist es geeignet?

Das Zeugnis für Führungskräfte kommt nur für Personen infrage, die bereits Führungserfahrung haben, denen also Personal unterstellt ist.
Entscheidend ist dabei nicht so sehr die Anzahl der Mitarbeiter, sondern die Tatsache, dass diese direkt der Führungskraft unterstanden und von ihr geführt worden sind. Sobald einem Mitarbeiter die Personalverantwortung auch nur für eine einzige Person übertragen wurde, kann man von einer Führungskraft sprechen. Arbeiten hingegen mehrere Personen in einem Team zusammen, in dem es kein personalverantwortliches Mitglied gibt, wäre ein qualifiziertes Zeugnis mit Hinweisen auf die Teamarbeit passender.

Was muss im Zeugnis stehen?

Das Zeugnis muss den gesamten Zeitraum umfassen, in dem der Mitarbeiter bei dem Unternehmen beschäftigt war, vom ersten Tag ausgehend. Wurde bereits die Berufsausbildung in dieser Firma absolviert, reicht es aus, die Ausbildung lediglich zu erwähnen und darauf zu verweisen, dass hierüber ein gesondertes Zeugnis erstellt worden ist.
Dies gilt besonders dann, wenn die Ausbildung schon lange zurückliegt. Ein Zeugnis nur über die letzte Position, die der Mitarbeiter innehatte, reicht bei langjähriger Betriebszugehörigkeit nicht aus; der Verweis auf früher erstellte Zwischenzeugnisse genügt ebenfalls nicht dem Anspruch an ein vollständiges Zeugnis.

- Der Name des Empfängers, möglichst mit dem Vornamen. Zum Namen gehören auch eventuell vorhandene Titel.
- Das Eintritts- und das Austrittsdatum.

- Die Bezeichnung der Position oder der Funktion. Hierzu gehört gerade bei Führungskräften auch die Einordnung der Stelle in die Unternehmenshierarchie.

- Die Beschreibung der Aufgaben. Diese kann in Form einer Aufzählung erfolgen, die allerdings gewährleisten muss, dass ein fachkundiger Dritter sich etwas unter den Begriffen vorstellen kann. Interne Bezeichnungen oder Kürzel reichen aus diesem Grund für eine klare und lesbare Aufgabenbeschreibung nicht aus.

- Prokura oder Handlungsvollmachten und zusätzliche Kompetenzen gehören ebenfalls in das Zeugnis.

- In Ergänzung zu einem »gewöhnlichen« qualifizierten Zeugnis muss auch die Anzahl der unterstellten Mitarbeiter angegeben werden. Aussagen, die lediglich besagen, dass bestimmte Abteilungen oder Bereiche unterstellt waren, ohne eine Angabe der Personenzahl, sind zu dürftig und erfüllen das Kriterium der Vollständigkeit nur unzureichend.

- Die Beurteilung der Leistung. Sie ist ein elementarer Bestandteil und muss in entsprechender Ausführlichkeit beschrieben werden. Hierzu gehören die folgenden Unterpunkte:

  - Die Einsatzbereitschaft bzw. die Motivation. Eine überdurchschnittliche Einsatzbereitschaft und die Übernahme von Verantwortung für die Belange des Unternehmens darf man zwar bei Führungskräften voraussetzen. Trotzdem müssen sie genannt werden, um nicht den Eindruck zu erwecken, es sei besser, über dieses Thema zu schweigen.

  - Die Arbeitsleistung bzw. das Können.

  - Die Arbeitsweise bzw. die Methodik.

  - Die Arbeitsergebnisse bzw. die Erfolge. Erfolge, die zu einem Aufstieg oder erweiterten Kompetenzen geführt haben, sollten ausdrücklich genannt werden.

- Die Beurteilung der Führung. Hiermit ist im Normalfall eigentlich das Sozialverhalten gemeint; das heißt, wie der Mitarbeiter mit anderen zurecht gekommen ist, wie er sich geführt hat. Es geht hier nur und ausschließlich um die Führung im Unternehmen, nicht um den privaten Bereich! Dies legt auch § 630 des BGB fest: »Das Zeugnis ist auf Verlangen auf die Leistung und die Führung im Dienst zu erstrecken.« Üblicherweise erfolgt auch bei der Führung eine Aufteilung in Unterpunkte:
  - Das Verhalten gegenüber Vorgesetzten.
  - Das Verhalten gegenüber Kollegen.
  - Das Verhalten gegenüber Kunden und Geschäftspartnern.
- Die Führungsqualität. Bei diesem Punkt geht es um die Kompetenz und den Erfolg als Führungskraft. Meist erfolgt eine Aufteilung in mehrere Unterpunkte:
  - Organisationsfähigkeit.
  - Motivationsfähigkeit.
  - Delegationsfähigkeit.
  - Verhältnis zu den Mitarbeitern bzw. Arbeitsklima.
- Ort und Datum der Ausstellung.
- Die Unterschrift mindestens einer vertretungsberechtigten Person. Je höher die Position war, desto höher sollte auch die Stellung des oder der Unterzeichner sein. Fast schon die Norm sind bei diesen Zeugnissen zwei Unterschriften, von denen mindestens eine aus der Geschäftsleitungsebene stammen sollte.

Was sollte im Zeugnis stehen?

Es sollte immer mit dem Wort »Zeugnis« als Überschrift versehen sein, um auf einen Blick erkennen zu können, worum es sich handelt. Zusätzliche Bezeichnungen, wie »Qualifiziertes Zeugnis« oder »Zeugnis für Führungskräfte« sind nicht üblich.

Das Geburtsdatum sollte angegeben sein. Auf die Nennung des Geburtsorts kann verzichtet werden.
Die Aufgabenbeschreibung kann um die Mitarbeit in Projekten oder anderen Gremien erweitert werden, wenn diese Aufgaben zusätzlich zur eigentlichen Tätigkeit erfolgt sind. Waren das die Hauptaufgaben, gehören sie zu den Teilen, die genannt werden müssen.
Umsatz- oder Ergebnisverantwortung bzw. die Angabe des verantworteten Budgets sollten unbedingt genannt werden, da sich daraus auch die Bedeutung der Position erkennen lässt.
Besondere Kenntnisse und Fähigkeiten, sowie Fort- und Weiterbildungen sollten erwähnt werden. Zwar gehören sie bei Führungskräften zum Standardrepertoire, sie sollten aber der Vollständigkeit halber erwähnt werden. Auch Zertifikate bzw. Abschlusszeugnisse und gegebenenfalls die Eigeninitiative zur Weiterbildung können genannt werden.
Konkret benennbare und hervorstechende Erfolge sollten unbedingt angeführt werden, eigentlich gehören sie bei Führungskräften schon zu den Punkten, die erwähnt werden müssen. Dadurch erzielte Ergebnisverbesserungen oder Einsparungen können ebenfalls angegeben werden, auch mit ihrem wertmäßigen Betrag. Gerade bei Führungskräften gehören erzielte Produktionssteigerungen oder die Reduzierung von Fehlerquoten mit in ein Zeugnis.
Etwas heikel, aber in positiven Fällen durchaus erwähnenswert, ist die Zufriedenheit oder besser das gute Klima, das durch die Führungskraft bei den Untergebenen geschaffen wurde.
Der Grund des Ausscheidens darf nur dann genannt werden, wenn der Mitarbeiter dies wünscht. Liegen die Gründe nicht in der Person der Führungskraft, sondern in Unternehmensverkäufen, Fusionen oder wirtschaftlichen Zwangslagen, sollte dies auch angegeben sein. Fast schon Usus ist das »Ausscheiden auf eigenen Wunsch«.
Eine Schlussformel sollte in einem guten Zeugnis immer enthalten sein. Meist wird sie als Bedauern über das Ausscheiden formuliert, oft verbunden mit guten Wünschen für die Zukunft, bei sehr

guten Zeugnissen explizit auch für den beruflichen und privaten Bereich. Der Dank für die geleistete Arbeit ist ebenfalls eine Möglichkeit, die Wertschätzung auszudrücken. Manchmal findet sich neben dem Bedauern noch der Hinweis darauf, dass das Unternehmen Verständnis für die Entscheidung hat, speziell dann, wenn es für den Mitarbeiter firmenintern keine weiteren Aufstiegs- oder Entwicklungsmöglichkeiten gab.
Bei Führungskräften hat sich eine Schlussformulierung inzwischen schon so sehr durchgesetzt, dass sie zu einem fast unverzichtbaren Bestandteil geworden ist.
Je höher die Position angesiedelt war, desto größer ist meist auch das Bedauern. Selbst wenn es Auseinandersetzungen gegeben hat oder eine Trennung im Unfrieden erfolgt ist, wird dies in vielen Fällen nicht erwähnt. Da Führungskräfte oft in derselben Branche bleiben, will kaum ein Unternehmen sich die Blöße geben und auf Streitigkeiten hinweisen. Trotzdem gilt auch bei Zeugnissen für Führungskräfte: Einen Rechtsanspruch auf eine Schlussformulierung gibt es nicht!

Was hat im Zeugnis nichts zu suchen?

- Eine Mitarbeit im Betriebsrat, es sei denn der Empfänger wünscht ihre Erwähnung.
- Angaben zu Krankheiten oder Krankheitszeiten, die keinerlei negativen Auswirkungen auf die Berufsausübung haben.
- Die Erwähnung von Straftaten, die in keinem Zusammenhang mit der beruflichen Tätigkeit stehen.
- Schreibfehler bzw. Korrekturen.
- Geheimzeichen.
- Verweise auf früher erstellte Zwischenzeugnisse.

- Einzelne, für den Empfänger an sich aber uncharakteristische Vorkommnisse dürfen nicht erwähnt werden, es muss ein Gesamtbild der Person wiedergegeben werden. Einmalige Ausrutscher oder Fehler, die nicht als charakteristisch für die Person zu bezeichnen sind, haben im Zeugnis nichts verloren.
- Misserfolge, die dadurch entstanden sind, dass die Unternehmensführung sich anders entschieden hat, dürfen dem Mitarbeiter nicht angelastet werden. Wird beispielsweise ein Projekt, das der Mitarbeiter entwickelt hat, nicht umgesetzt, weil die Geschäftsleitung neue Prioritäten setzt, so darf dies nicht als Misserfolg deklariert werden.

Gerade bei den höheren Führungsebenen ist das Thema des Misserfolgs oft ein schwieriger Punkt, vor allem dann, wenn das Ausscheiden in eine Zeit fällt, in der sich die Firma in wirtschaftlichen Schwierigkeiten befindet.
Niemand muss sich allerdings diese Situation anlasten lassen, außer sie ist maßgeblich durch ihn verursacht worden. Meist wird das Problem dadurch gelöst, dass ein Unternehmen seine Schwierigkeiten nicht auch noch in einem Zeugnis dokumentiert sehen will.

Die Beurteilung der Führungsqualität

Die Beurteilung dieses Punkts stellt sicher eine der größten Schwierigkeiten bei der Erstellung, aber auch bei der Bewertung von Arbeitszeugnissen dar. Eine Führungskraft kann beispielsweise sehr erfolgreich sein, aber einen ganz anderen Führungsstil bevorzugen, als er sonst im Unternehmen üblich ist oder als er von dem nächsthöheren Vorgesetzten gepflegt wird. Sehr schnell geraten dann die Erfolge in den Hintergrund und nur die Abweichung

von der »Norm« geht in die Bewertung ein. Solche qualitativen Beurteilungen sind eben immer auch stark subjektiv geprägt durch denjenigen, der das Urteil abgibt.
Grundsätzlich ist zwar nach wie vor die Tendenz zu einem kooperativen Führungsstil vorhanden, autoritäres Führen ist kaum noch gefragt. Was aber nun genau kooperatives Führen ist, darüber gibt es ganz unterschiedliche Meinungen. Im Grunde genommen können die untergebenen Mitarbeiter die Führungsqualität am besten beurteilen.
Sie werden jedoch so gut wie nie danach gefragt, schon gar nicht, wenn eine Führungskraft das Unternehmen verlässt. Also wird aus den erreichten Ergebnissen, wie Produktivität, Fehlerquote, Fehltage etc., ein Rückschluss auf die Führung gezogen. War die Abteilung erfolgreich, muss es der Führungsstil wohl auch gewesen sein. Selbstverständlich hängen die Motivation und damit die Arbeitsleistung und das Führungsverhalten stark zusammen. Trotzdem ist es nicht ohne Risiko, allein aus den Ergebnissen auf die Führungsqualität zu schließen.
Gemessen wird die Führungsqualität in den meisten Unternehmen anhand folgender Kriterien:

- Zielerreichung
- Fehlerquote
- Betriebs- bzw. Abteilungsklima
- Qualifikationsstand der Mitarbeiter
- Fort- und Weiterbildung der Mitarbeiter
- Fehlzeiten der Mitarbeiter
- Personalfluktuation
- Delegationsfähigkeit
- Vorhandensein eines qualifizierten Stellvertreters

Das persönliche Verhalten

Meist wird in jeder Form eines Zeugnisses auch das persönliche Verhalten bewertet. Dies geschieht oft in eher globalen Aussagen, die keine besondere Aussagekraft haben. Bei Führungskräften sollte auf diesen Punkt sehr viel ausführlicher eingegangen werden. Da eine gewisse Vorbildfunktion nicht zu leugnen ist und die sozialen Fähigkeiten hier stark im Vordergrund stehen, gehört das Verhalten mit in das Zeugnis einer Führungskraft. Es ist allerdings nicht gerade einfach, in diesem Bereich Aussagen zu machen, denn Sympathie und Antipathie spielen bei der Bewertung eine erhebliche Rolle.

Grundsätzlich hat das Verhalten eines Mitarbeiters in seinem privaten Bereich nichts in einem Zeugnis zu suchen. Es geht schließlich um ein Arbeitszeugnis, deshalb hat sich der Inhalt auch auf die Arbeitswelt zu beschränken. Inwieweit private Vorkommnisse, die Auswirkungen auf die Arbeitsleistung zeigen, trotzdem genannt werden dürfen, ist ein äußerst heikles und umstrittenes Thema. Meist wird selbst Alkoholismus, der letztendlich zur Kündigung geführt hat, nur in Umschreibungen angesprochen, um gerichtliche Auseinandersetzungen zu vermeiden.

Auch Weglassen ist eine Aussage!

Gerade bei Führungskräften, deren Zeugnisse wahrlich nicht einfach zu schreiben sind, ist das Weglassen eine beliebte Methode, Kritik am scheidenden Mitarbeiter anzubringen. Nicht immer sollte man dahinter aber gleich Absicht oder gar Böswilligkeit vermuten.

Oft geschieht es einfach aus Unkenntnis der Anforderungen an ein solches Zeugnis und der Tatsache, dass ja nicht alle Tage eine Führungskraft das Unternehmen verlässt und ein Zeugnis geschrieben werden muss. In diesen Fällen reicht meist ein klären-

des Gespräch aus, um ein neues und diesmal vollständiges Zeugnis zu erhalten.
Um Auseinandersetzungen zu vermeiden und ein auf den ersten Blick positives Zeugnis zu schreiben, gleichzeitig aber Kritik zu üben und einen potenziellen neuen Arbeitgeber darüber zu informieren, werden Aussagen dadurch getroffen, dass wichtige Bestandteile der Beurteilung unter den Tisch fallen gelassen werden. Fehlt zum Beispiel eine Aussage über die Leistungsbereitschaft, so wird dies von den meisten Personalleuten bereits dahingehend interpretiert, dass die Bereitschaft, Leistungen zu bringen, eher unterdurchschnittlich ist.
Bei Führungskräften reicht es als Kritik beispielsweise schon, die Führungsqualität pauschal als »gut« zu bezeichnen. Jeder informierte Leser wird sich fragen, warum hier keine ausführliche Stellungnahme zu finden ist, wie man sie bei einer Führungskraft erwarten darf. Die Note »gut« kann also nicht stimmen, sie dient nur dazu, den Empfänger zu beschwichtigen. Pauschale Formulierungen und knapp gehaltene Floskeln stehen bereits für Kritik an der Leistung oder am Verhalten.
Auch Formulierungen, die lediglich beschreibenden Charakter haben und sich jeglicher Wertung enthalten, sind in den Bereichen Führung und Leistung keine Seltenheit. Das Urteil bleibt dem Leser, also meist einem möglichen neuen Arbeitgeber, überlassen. Keine Wertung ist also auch eine Wertung!

Mit dem Zeugnis weggelobt?

Neben dem Weglassen von selbstverständlichen oder gar elementaren Punkten eines Zeugnisses gibt es aber auch noch eine andere Möglichkeit, Kritik in versteckter Form anzubringen: durch Lob! Übertriebenes Lob oder Lob für wenig bedeutsame Punkte lassen einen informierten Leser immer aufhorchen. Meist versteckt dich dahinter nämlich eine subtile Form der negativen Bewertung.

Wird etwas lobend oder gar besonders lobend erwähnt, so sollte es sich dabei auch um wesentliche Fakten handeln. Folgen stattdessen Selbstverständlichkeiten, so handelt es sich bereits um eine Abqualifizierung.
Werden Pünktlichkeit, Ordnung oder das Verfolgen der Unternehmensziele lobend erwähnt, dann handelt es sich mindestens um die Note »mangelhaft«. Diese Punkte sind selbstverständlich und können von jedem Mitarbeiter erwartet werden. Müssen sie lobend erwähnt werden, gibt es folglich nichts Positives über die Leistungen zu sagen, sodass der Schreiber auf diese Themen ausweicht.

Musterzeugnis mit Kommentar

Musterzeugnis 8

Qualifiziertes Zeugnis für eine Führungskraft

Zeugnis

Frau Brigitte Weber, geboren am 18.07.1960 in Stuttgart, war vom 01.01.1995 bis zum 30.09.2001 in unserem Unternehmen als Leiterin der Personalabteilung beschäftigt.

In dieser Funktion war sie für nachfolgende Aufgaben verantwortlich:
Koordination der Personalbedarfsanforderungen
Mitarbeitersuche über Anzeigen, Internet und Jobbörsen
Bewerberauswahl
Einstellung und Entlassung
Personalverwaltung einschließlich Lohn- und Gehaltsabrechnung
Erstellung und Auswertung von Personalstatistiken
Ermittlung des Schulungsbedarfes
Abstimmung mit der Arbeitnehmervertretung

Zur Erfüllung ihrer Aufgaben waren Frau Weber acht Mitarbeiter und Mitarbeiterinnen unterstellt, für die sie auch die disziplinarische Verantwortung zu tragen hatte. Frau Weber berichtete direkt an die Unternehmensleitung, aufgrund der Bedeutung der Position wurde ihr Handlungsvollmacht erteilt.

Während ihrer Zeit im Unternehmen war Frau Weber hochmotiviert und jederzeit bereit, auch zusätzlich anfallende Arbeiten zu übernehmen. Zudem identifizierte sie sich stets mit ihrer Aufgabe und den Zielen des Unternehmens. Des Weiteren können wir sagen, dass wir sie als eine stets äußerst zielstrebige, fleißige und gewissenhafte Mitarbeiterin kennen, die auch in schwierigen Situationen stets den Überblick behielt und Lösungen im Sinne des Unternehmens fand.
Ihr besonderer Verdienst lag in der Schaffung eines einheitlichen Auswahlsystems für die Einstellung neuer Mitarbeiter. Dadurch war es uns möglich, die Qualität des Personalbestandes deutlich zu verbessern.
Frau Weber war jederzeit vertrauenswürdig, integer und bereit, in großem Umfang Verantwortung zu übernehmen.

Die Positionsbezeichnung ist zunächst einmal ausreichend genau beschrieben.

Durch die Aufzählung der Aufgaben wird der Umfang nun weiter bezeichnet. Die Bemerkung, dass sie verantwortlich war, ist keinesfalls negativ zu werten, da es sich um eine leitende Position handelt. Es kann also nicht daraus geschlossen werden, dass sie nur verantwortlich war, aber nichts getan hätte.

Die Nennung der Anzahl der unterstellten Mitarbeiter ermöglicht es dem Leser, sich ein Bild von der Größe der Abteilung zu machen. Es wird auch deutlich, welche Bedeutung die Position hatte, da direkt an die Leitung berichtet wurde. Eine Handlungsvollmacht ist in dieser Position üblich, trotzdem ist es gut, wenn diese Tatsache auch genannt wird.

Motivation und Leistungsbereitschaft werden sehr gut bewertet, ihre Leistungen unter Belastung sind als gut zu bezeichnen. Die Identifikation mit den Unternehmenszielen ist gerade bei Führungskräften ein wichtiges Kriterium. Auch der Umstand, dass ihre Lösungen im Sinne der Firma waren, ist von Bedeutung.

Hier wird ein Erfolg mit den positiven Konsequenzen sehr schön dargestellt.

Alle erforderlichen Maßnahmen führte sie selbstständig und entschlossen durch und brachte immer wieder neue und kreative Ideen ein, die dazu beitrugen, unser Personalwesen zu optimieren.
Frau Weber war stets bestrebt, ihre hervorragenden Kenntnisse und Erfahrungen zu vertiefen, und nahm oft die Gelegenheit war, sich innerhalb und außerhalb des Unternehmens weiter zu qualifizieren.
Abschließend lässt sich sagen, dass sie die ihr übertragenen Aufgaben zu unserer vollsten Zufriedenheit erledigte.
Wegen ihres freundlichen Wesens und ihrer kollegialen Haltung wurde Frau Weber von Vorgesetzten und Mitarbeitern geschätzt. Zudem verstand sie es ausgezeichnet, Bewerbern einen positiven Eindruck des Unternehmens zu vermitteln.
Frau Weber verstand es mit besonderem Geschick, ihre Mitarbeiter zur Leistung zu führen, ein positives Klima zu schaffen und die Zusammenarbeit auf eine natürliche Vertrauensbasis zu stellen. Wir haben ihr die Neustrukturierung unseres Personalbereiches zu verdanken, die eine deutlich höhere Arbeitsleistung und einen geringeren Wechsel innerhalb der Abteilung zur Folge hatte.

Wir danken Frau Weber für ihre sehr guten Leistungen und bedauern ihren Weggang sehr, haben aber Verständnis dafür, dass sie die neue Herausforderung als Dozentin an der Personalakademie Baden-Baden übernimmt. Wir wünschen ihr auf ihrem weiteren Berufs- und Lebensweg alles Gute und viel Erfolg.
Wir hoffen, in Frau Weber auch zukünftig eine Ansprechpartnerin für die Weiterentwicklung unserer Personalstrategie zu finden.

Stuttgart, 30.09.2001

Computer AG

H. Huber
Vorstand

W. Friedrich
Vorstand

Verantwortungsbereitschaft, Selbstständigkeit und die eigenen Ideen mit dem Ergebnis für die Firma sind mit gut bewertet.
Die Bereitschaft zur Fort- und Weiterbildung ist mit der Note 2 angegeben, ihr bisheriges Wissen wird mit 1 bewertet.
Das Gesamturteil hat die Schulnote 2.
Das Verhalten wird ebenfalls als gut bewertet. Die Bemerkung über die Bewerber ist ein echter Bonuspunkt, der zeigt, dass sie das Unternehmen auch repräsentieren kann.
Die Leistung als Führungskraft wird mit der Note 2 ausgezeichnet. Dann folgt gleich wieder ein erzielter Erfolg mit den positiven Auswirkungen auf die Firma.
Dank und Bedauern sind fast selbstverständlich, das Verständnis für die Entscheidung liefert dann den Beweis dafür, dass es sich um eine wirklich gute Mitarbeiterin handelte. Die guten Wünsche sind Standard, zumal bereits vorher viel Lobenswertes gesagt wurde. Würden sie an dieser Stelle fehlen, wäre das zuvor Gesagte in Zweifel zu ziehen.
Der Wunsch nach weiterer Zusammenarbeit ist ein Bonuspunkt.
Zusammenfassend lässt sich sagen, dass es sich um das Zeugnis für eine erstklassige Mitarbeiterin handelt. Auch wenn von der Notenskala her die Beurteilungen mit »Gut« überwiegen, wird durch die Nennung von Erfolgen und deren Auswirkungen das Bild einer Spitzenkraft gezeichnet. Für die Gesamtbeurteilung muss deshalb auch immer das Gesamtbild eines Zeugnisses gesehen werden.

Checkliste

Anhand der nachfolgenden Checkliste können Sie – sowohl als Empfänger wie auch als Aussteller eines Zeugnisses – noch einmal überprüfen, ob alle wichtigen Kriterien vorhanden und erfüllt sind.

CHECKLISTE 5

Checkliste für Zeugnisse von Führungskräften

	Ja	Nein
Ist die Rechtschreibung korrekt?	❑	❑
Ist das Zeugnis frei von Korrekturen?	❑	❑
Ist das Zeugnis wohlwollend formuliert?	❑	❑
Wird ein Geschäftsbogen mit allen Angaben als Papier benutzt?	❑	❑
Sind Ort und Datum der Ausstellung korrekt angegeben?	❑	❑
Ist das Zeugnis von einer vertretungsberechtigten Person unterschrieben?	❑	❑
Ist, entsprechend der Position, eventuell eine zweite Unterschrift vorhanden?	❑	❑
Ist eine Überschrift »Zeugnis« vorhanden?	❑	❑
Ist der Familienname, am besten mit dem Vornamen (ergänzt um die Titel), genannt?	❑	❑
Das Geburtsdatum sollte eingetragen sein. Eventuell auch der Geburtsort.	❑	❑
Ist das Eintrittsdatum richtig angegeben?	❑	❑
Ist das Austrittsdatum korrekt genannt?	❑	❑
Erstreckt sich das Zeugnis über die gesamte Betriebszugehörigkeit?	❑	❑

	Ja	Nein
Ist die Position bzw. Funktion verständlich bezeichnet?	❑	❑
Ist die Einordnung der Position innerhalb der Firmenhierarchie klar angegeben?	❑	❑
Ist die Umsatz- oder Ergebnisverantwortung dargestellt?	❑	❑
Sind die Aufgaben vollständig und nach ihrer Wichtigkeit sortiert aufgezählt?	❑	❑
Ist die Beschreibung der Aufgaben detailliert genug?	❑	❑
Sind Prokura, Vollmachten und Kompetenzen aufgeführt?	❑	❑
Ist die Anzahl der unterstellten Mitarbeiter genannt? Besser ist zusätzlich auch die Angabe der Qualifikation dieser Mitarbeiter.	❑	❑
Ist die Leistung ausführlich bewertet? Ist die Bewertung korrekt?	❑	❑
Sind die Unterpunkte Einsatzbereitschaft / Motivation, Arbeitsleistung / Können, Arbeitsweise / Methodik, Arbeitsergebnisse / Erfolge enthalten?	❑	❑
Sind konkrete Erfolge und Ergebnisverbesserungen angeführt?	❑	❑
Ist das Verhalten wirklich ausführlich bewertet? Ist die Bewertung korrekt? Bezieht es sich nur auf den Firmenbereich?	❑	❑
Ist das Verhalten in die Unterpunkte gegenüber Vorgesetzten, gegenüber Kollegen, gegenüber Kunden und Geschäftspartnern aufgeteilt?	❑	❑
Wird aus Leistung und Verhalten ein Gesamtbild ersichtlich, ohne uncharakteristische Vorfälle?	❑	❑
Sind sowohl Leistung als auch Verhalten beurteilt? Beide Punkte müssen vorhanden sein!	❑	❑
Ist die Führungsqualität entsprechend bewertet?	❑	❑
Ist die Führung in die Unterpunkte Organisationsfähigkeit, Motivationsfähigkeit, Delegationsfähigkeit und Arbeitsklima unterteilt?	❑	❑

	Ja	Nein
Ist die Teilnahme an Fort- und Weiterbildungen erwähnt?	❑	❑
Ist gegebenenfalls die Eigeninitiative hierzu genannt?	❑	❑
Sind besondere Kenntnisse und Fähigkeiten angeführt und eventuell auch bewertet?	❑	❑
Gibt es eine Schlussformulierung, möglichst mit guten Wünschen für die Zukunft und Bedauern des Ausscheidens?	❑	❑
Ist das Zeugnis frei von Auslassungen? Sind also alle relevanten Punkte aufgeführt?	❑	❑
Ist das Lob nur für bedeutsame Erfolge genannt? Wird auf übertriebenes Lob verzichtet?	❑	❑
Ist der Grund des Ausscheidens nur dann angeführt, wenn der Empfänger dies wünscht?	❑	❑
Wird auf die Angabe von Krankheiten und Straftaten verzichtet?	❑	❑
Ist die Mitarbeit im Betriebsrat nur auf Wunsch einbezogen?	❑	❑
Ist das Zeugnis frei von Verweisen auf frühere Zwischenzeugnisse?	❑	❑

12. Kapitel

Textbausteine mit Notenskala

Um Ihnen sowohl das Schreiben eines Arbeitszeugnisses – egal ob als Entwurf für das eigene Zeugnis oder für einen Mitarbeiter – als auch das Lesen und vor allem Interpretieren eines Zeugnisses zu erleichtern, finden Sie im folgenden Kapitel alle nötigen Angaben. Zur Veranschaulichung der Einstufung habe ich auf das System der Schulnoten zurückgegriffen. Die Note »6« kommt bei Arbeitszeugnissen normalerweise nicht vor, denn zwischen »mangelhaft« und »ungenügend« wird kein Unterschied mehr gemacht. Allerdings finden Sie unter der Überschrift »Killerformulierungen« genau die Sätze, die einen potenziellen Arbeitgeber dringend davor warnen, diesen Kandidaten einzustellen.
Selbstverständlich gibt es immer einen gewissen Spielraum in der Bewertung der einzelnen Aussagen. Was für den einen noch »sehr gut« ist, wird vom anderen bereits nur als »gut« bezeichnet. Wichtiger als die Zerlegung jedes einzelnen Satzes in seine Bestandteile ist jedoch der Gesamteindruck, den das Zeugnis einem Leser gibt. Auch eine einzelne Aussage mit der Note »befriedigend« kann einem insgesamt »sehr guten« Zeugnis nichts anhaben. Vielleicht liegt hier ja tatsächlich eine Schwäche des Mitarbeiters vor. Dann gibt es dem Beurteilten zumindest die Möglichkeit, daran zu arbeiten und sich in diesem Punkt zu verbessern.
Sie finden zu den einzelnen Bereichen, die in einem Zeugnis bewertet werden, jeweils mehrere Formulierungen. Diese sollen Ihnen aufzeigen, welche unterschiedlichen Möglichkeiten der Textgestaltung es bei der Beurteilung gibt.

➲ *Achtung! Nur bei qualifizierten Zeugnissen dürfen Leistung und Verhalten bewertet werden.*

Einleitung

Herr (Vorname) (Familienname), geboren am …, war vom (Eintrittsdatum) bis zum (Austrittsdatum) in unserer Firma als (Positionsbezeichnung) beschäftigt.

Herr (Vorname) (Familienname), geboren am …, trat am (Eintrittsdatum) als (Positionsbezeichnung) in unser Unternehmen ein.

Aufgabenbeschreibung

Er war vorwiegend mit der (Aufgabenbeschreibung) betraut.

Seine Aufgaben waren folgende: (Aufzählung).

Er leitete den Bereich (Name) mit X Mitarbeitern.

Beendigungsgrund

Meist wird die Beendigung seitens des Arbeitgebers mit folgenden Sätzen beschrieben:

Das Arbeitsverhältnis dauerte von (Eintrittsdatum) bis (Austrittsdatum).

Das Arbeitsverhältnis endete am (Austrittsdatum).

Das Ausscheiden von Herrn … erfolgte betriebsbedingt.

Bei Aufhebungsverträgen, also einer Übereinkunft zwischen Arbeitgeber und Arbeitnehmer, sind diese Sätze üblich:

Das Arbeitsverhältnis mit Herrn … endete in bestem beiderseitigem Einvernehmen am (Austrittsdatum).

Das Ausscheiden von Herrn … erfolgte in beiderseitigem Einvernehmen.

Das Arbeitsverhältnis wurde zum (Austrittsdatum) einvernehmlich beendet.

Eine Kündigung durch den Arbeitnehmer wird meist so beschrieben:

Herr … verlässt unser Unternehmen auf eigenen Wunsch zum (Austrittsdatum).

Herr … scheidet auf eigenen Wunsch aus, da er aus privaten Gründen den Wohnort wechselt.

Herr … verlässt das Unternehmen, um ein Studium zum (Studiengang) aufzunehmen.

Besonderheiten bei Zwischenzeugnissen

Mögliche Formulierungen für die Begründung eines Zwischenzeugnisses sind:

Wir stellen Herrn … dieses Zwischenzeugnis aus, da sein direkter Vorgesetzter eine neue Aufgabe im Unternehmen übernommen hat.

Dieses Zwischenzeugnis stellen wir auf Wunsch von Herrn … zur Vorlage bei (Institution) aus.

Dieses Zwischenzeugnis wird aufgrund der Versetzung von Herrn … in die Abteilung XYZ ausgestellt. Wir wünschen ihm für sein neues Aufgabengebiet viel Erfolg.

Besonderheiten bei Ausbildungszeugnissen

Herr (Vorname) (Familienname), geboren am …, hat bei uns vom (Eintrittsdatum) bis (Austrittsdatum) den Beruf des (Ausbildungsbezeichnung) erlernt.

Herr (Vorname) (Familienname), geboren am …, ist vom (Eintrittsdatum) bis zum (Austrittsdatum) als (Ausbildungsbezeichnung) ausgebildet worden.

Während seiner Ausbildung wurde er in den Bereichen (Aufzählung) eingesetzt und mit den Aufgaben der einzelnen Abteilungen vertraut gemacht.

Er wurde während der Ausbildung mit allen vorkommenden Arbeiten, die für seinen Beruf erforderlich sind, vertraut gemacht. (Es muss eine Aufzählung der Aufgaben folgen.)

Die Abschlussprüfung vor der Industrie- und Handelskammer (Name) hat er mit der Note … abgeschlossen.

Bei endgültig nicht bestandener Abschlussprüfung kann folgende Formulierung eingesetzt werden:

An der Abschlussprüfung vor der Industrie- und Handelskammer (Name) hat er teilgenommen.

Nach Beendigung der Ausbildung haben wir Herrn … zum (Eintrittsdatum neu) als (Positionsbezeichnung) in der Abteilung (Name) übernommen.

Herr … verlässt unsere Firma mit dem Ausbildungsende auf eigenen Wunsch. Wir hätten ihn gerne als Mitarbeiter übernommen.

Leider können wir Herrn … nicht in ein festes Arbeitsverhältnis übernehmen, da wir keine freien Arbeitsplätze zur Verfügung haben.

Sehr gut

Herr … war ein sehr intelligenter und fleißiger Auszubildender, der stets sehr an einer guten Ausbildung interessiert war.

Herr … zeichnete sich in allen Bereichen durch außerordentliches Engagement und großes Interesse aus.

Herr … erwies sich als überaus williger und äußerst lernbeflissener Auszubildender.

Darüber hinaus verfügte er über eine sehr gute Auffassungsgabe und arbeitete stets sehr sorgfältig und effizient.

Wir können auch bestätigen, dass er sich mit sehr gutem Erfolg alle Kenntnisse und Fertigkeiten eines (Ausbildungsberuf) angeeignet hat.

Mit seinen Leistungen hat er uns stets voll überzeugt. In der Endphase seiner Ausbildung erledigte er die anfallenden Arbeiten bereits selbstständig.

Gut

Herr … war ein intelligenter und fleißiger Auszubildender, der sehr an einer guten Ausbildung interessiert war.

Herr … zeichnete sich in allen Bereichen durch großes Engagement und Interesse aus.

Herr … erwies sich als sehr williger und lernbeflissener Auszubildender.

Darüber hinaus verfügte er über eine gute Auffassungsgabe und arbeitete sehr sorgfältig und effizient.

Wir können auch bestätigen, dass er sich mit gutem Erfolg alle Kenntnisse und Fertigkeiten eines (Ausbildungsberuf) angeeignet hat.

Mit seinen Leistungen hat er uns stets überzeugt.

Befriedigend

Herr … hat von der Gelegenheit, sich zum (Ausbildungsberuf) ausbilden zu lassen, Gebrauch gemacht.

Herr … zeichnete sich in allen Bereichen durch Engagement und Interesse aus.

Herr … erwies sich als williger und lernbeflissener Auszubildender.

Darüber hinaus arbeitete er sorgfältig und effizient.

Wir können auch bestätigen, dass er sich mit gutem Erfolg alle wesentlichen Kenntnisse und Fertigkeiten eines (Ausbildungsberuf) angeeignet hat.

Mit seinen Leistungen hat er uns überzeugt.

Ausreichend

Herr … zeigte im Großen und Ganzen Engagement und Interesse.

Herr … erwies sich als weitgehend williger und lernbeflissener Auszubildender.

Darüber hinaus arbeitete er im Großen und Ganzen sorgfältig und effizient.

Wir können auch bestätigen, dass er sich mit Erfolg alle wesentlichen Kenntnisse und Fertigkeiten eines (Ausbildungsberuf) angeeignet hat.

Mit seinen Leistungen hat er uns weitgehend überzeugt.

Sehr gut

In der Formulierung sehr guter Zeugnisse tauchen folgende Begriffe auf, um die Schulnote 1 zu begründen: »stets«, »jederzeit«, »immer«, »ständig«, »sehr«, »außerordentlich«, »höchste«, »größte«, »optimal«, »überaus«, »sehr gut«, »selbstständig«.
Der Begriff »zur vollsten Zufriedenheit« ist zwar grammatikalischer Unsinn, denn es gibt keine Steigerung von »voll«. Trotzdem ist »vollste« genau die Bezeichnung, die für eine sehr gute Leistung benutzt wird und sich allgemein eingebürgert hat.

Arbeitsbereitschaft

Während seiner Tätigkeit in unserem Haus zeigte Herr ... stets Initiative, großen Eifer und Fleiß.

Während seiner Tätigkeit in unserem Hause war Herr ... hochmotiviert und jederzeit bereit, auch zusätzlich anfallende Arbeiten zu übernehmen.

Während seiner Tätigkeit in unserem Haus erfüllte Herr ... seine Aufgaben mit vorbildlichem Engagement und großem persönlichem Einsatz – auch über die normale Arbeitszeit hinaus.

Arbeitsbefähigung

Zudem war er für seine Aufgaben außerordentlich befähigt und jederzeit bereit, auch schwierige und umfangreiche Aufträge zu erfüllen.

Zudem identifizierte er sich stets mit seiner Aufgabe und den Zielen des Unternehmens.

Zudem verfügte er über eine umfassende Berufserfahrung.

Arbeitsqualität

Des Weiteren können wir sagen, dass die Qualität seiner Arbeit stets höchste Ansprüche erfüllte.

Des Weiteren können wir sagen, dass wir ihn als einen stets äußerst zielstrebigen, fleißigen und gewissenhaften Mitarbeiter kennen.

Des Weiteren können wir sagen, dass er stets mit äußerster Sorgfalt und größter Genauigkeit arbeitete.

Arbeitstempo und -menge

Auch Arbeitsmenge und Arbeitstempo lagen stets sehr weit über unseren Erwartungen.

Auch arbeitete er stets außerordentlich viel und schnell.

Auch bewältigte er in kürzester Zeit ein außerordentlich hohes Arbeitspensum.

Erfolge

Seine sehr guten Verbesserungsvorschläge konnten sofort und mit Erfolg umgesetzt werden.

Sein besonderer Verdienst lag im …

Im Rahmen seiner Arbeiten fand er völlig neue Konzeptionen, die zu einem deutlich verbesserten Ablauf führten.

Führungsqualität

Aufgrund seines Führungsstils war Herr … auch als Vorgesetzter voll anerkannt und allseits beliebt.

Herr … verstand es in ausgezeichneter Weise, seine Mitarbeiter zu überzeugen und zu motivieren, was zu einem sehr produktiven Arbeitsklima führte, so dass alle ihm übertragenen Aufgaben mit großem Erfolg verwirklicht werden konnten.

Als Vorgesetzter verfügte Herr … über die notwendige Konsequenz und die natürliche Autorität, um Mitarbeiter anzuleiten und erfolgreich zu führen.

Hervorzuheben ist auch, dass er in beispielgebender Weise die Aufgaben delegierte, klare und verständliche Anweisungen erteilte und so ein außerordentlich hohes Abteilungsergebnis erzielte.

Fachwissen

Sein Arbeitsgebiet beherrschte er umfassend. (souverän, hervorragend)

Er besaß ein hervorragendes, jederzeit verfügbares Fachwissen.

Er fand stets sehr gute und praktikable Lösungen

Ausdauer und Belastbarkeit

Daneben war er ein stets ausdauernder und außergewöhnlich belastbarer Mitarbeiter.

Daneben bewältigte er auch unter schwierigsten Bedingungen alle anfallenden Aufgaben.

Daneben zeichnete er sich durch enorme Belastbarkeit aus.

Initiative und Kreativität

Seine immer ausgezeichneten Ideen und wertvollen Anregungen waren für uns sehr hilfreich.

Alle erforderlichen Maßnahmen führte er selbstständig und entschlossen durch.

Außerdem überzeugte er immer wieder durch kreative Ideen, gab wertvolle Anregungen und ging alle Aufgaben mit der nötigen Umsicht und Tatkraft an.

Flexibilität

Besonders hervorheben wollen wir, dass er stets außerordentlich flexibel war.

Besonders hervorheben wollen wir, dass er eine schnelle Auffassungsgabe besaß und sich bei neuen Vorhaben überaus flexibel und sehr aufgeschlossen zeigte.

Besonders betonen möchten wir, dass er ein überaus großes Interesse an neuen Aufgaben und Herausforderungen zeigte.

Zuverlässigkeit und Pflichtbewusstsein

Er war immer pflichtbewusst und stets zuverlässig.

Er war äußerst vertrauenswürdig und stets bereit, die volle Verantwortung zu übernehmen.

Er war jederzeit in hohem Maße vertrauenswürdig, integer und bereit, in vollem Umfang Verantwortung zu übernehmen.

Selbstständigkeit

Bei allen Tätigkeiten handelte er völlig selbstständig.

Bei allen Tätigkeiten konnte ihm ein außerordentlich hohes Maß an Selbstständigkeit eingeräumt werden.

Bei allen Tätigkeiten zeichnete er sich durch ein hohes Maß an Selbstständigkeit aus und erzielte stets optimale Lösungen.

Fort- und Weiterbildung

Außerdem war er stets bestrebt, sich ständig weiterzubilden und nahm jede Gelegenheit war, sich innerhalb und außerhalb des Unternehmens weiter zu qualifizieren.

Außerdem hielt er seine Fachkenntnisse immer auf dem neuesten Stand.

Wir erkennen besonders an, dass er jede Gelegenheit nutzte, seine Fachkenntnisse auch in der Freizeit zu erweitern.

Gesamtbeurteilung der Leistungen

Abschließend lässt sich sagen, dass er die ihm übertragenen Aufgaben stets zu unserer vollsten Zufriedenheit erledigte.

Abschließend lässt sich sagen, dass seine Leistungen stets sehr gut waren.

Abschließend lässt sich sagen, dass wir mit seinen Leistungen stets außerordentlich zufrieden waren.

Verhalten gegenüber Vorgesetzten, Mitarbeitern und Kunden

Sein Verhalten gegenüber Vorgesetzten und Mitarbeitern war stets einwandfrei.

Wegen seines freundlichen Wesens und seiner kollegialen Haltung wurde er von Vorgesetzten und Mitarbeitern sehr geschätzt.

Er war stets hilfsbereit.

Er trat außerordentlich höflich und natürlich auf und zeichnete sich durch geschickten Umgang mit Geschäftspartnern und Kollegen aus.

Auch sein Verhalten gegenüber unseren Kunden war stets vorbildlich.

Aufgrund seiner umgänglichen und hilfsbereiten Art war er bei Vorgesetzten und Kollegen, aber auch bei unseren Kunden gleichermaßen außerordentlich geschätzt und anerkannt.

Schlussformel

Wir bedauern sein Ausscheiden sehr, danken Herrn … für seine wertvolle Mitarbeit und wünschen ihm auf seinem weiteren Berufs- und Lebensweg alles Gute und weiterhin viel Erfolg.

Wir danken ihm für seine stets sehr guten Leistungen und bedauern sein Ausscheiden sehr. Wir wünschen Herrn … für die Zukunft alles Gute und weiterhin viel Erfolg.

Wir danken Herrn … für seine stets sehr gute Leistung und bedauern seinen Weggang außerordentlich.

Gut

Kennzeichnend für ein gutes Zeugnis mit der Schulnote 2 sind folgende Begriffe: »stets«, »jederzeit«, »sehr«. Im Unterschied zu einem sehr guten Zeugnis wird anstelle von »größter« nun »groß« gesetzt. Statt »sehr gut« heißt es »gut«, statt »höchste« wird »hohe« benutzt. Der Begriff »stets« wird ein wenig sparsamer eingesetzt als bei einer sehr guten Beurteilung Das Gesamturteil lautet immer noch »vollste Zufriedenheit«, allerdings fehlt der Hinweis »stets«.

Arbeitsbereitschaft

Während seiner Tätigkeit in unserem Haus zeigte Herr … stets Initiative, Eifer und Fleiß.

Während seiner Tätigkeit in unserem Haus war Herr … jederzeit bereit, auch zusätzlich anfallende Arbeiten zu übernehmen.

Während seiner Tätigkeit in unserem Haus erfüllte Herr … seine Aufgaben mit großem Engagement und persönlichem Einsatz – auch über die normale Arbeitszeit hinaus.

Arbeitsbefähigung

Zudem war er für seine Aufgaben sehr befähigt und bereit, auch andere, zusätzliche Arbeiten zu übernehmen.

Zudem führte er alle Aufgaben mit großer Umsicht, großem Wissen und hohem Engagement aus.

Zudem verfügte er über eine große Berufserfahrung.

Arbeitsqualität

Des Weiteren können wir sagen, dass die Qualität seiner Arbeit stets hohe Ansprüche erfüllte.

Des Weiteren können wir sagen, dass wir ihn als einen stets zielstrebigen, fleißigen und gewissenhaften Mitarbeiter kennen.

Des Weiteren können wir sagen, dass er stets mit Sorgfalt und Genauigkeit arbeitete.

Arbeitstempo und -menge

Auch Arbeitsmenge und Arbeitstempo lagen stets weit über unseren Erwartungen.

Auch arbeitete er stets viel und schnell.

Auch bewältigte er in kurzer Zeit ein hohes Arbeitspensum.

Führungsqualität

Aufgrund seines Führungsstils war Herr … als Vorgesetzter anerkannt und beliebt.

Herr … verstand es mit besonderem Geschick, seine Mitarbeiter zur Leistung zu führen, ein positives Klima zu schaffen und die Zusammenarbeit auf eine natürliche Vertrauensbasis zu stellen.

Herr … hatte ein stets gutes Verhältnis zu seinen Mitarbeitern, was zu einem produktiven Arbeitsklima führte.

Hervorzuheben ist auch, dass er in sinnvoller Weise die Aufgaben delegierte, klare und verständliche Anweisungen erteilte und so ein hohes Abteilungsergebnis erzielte.

Fachwissen

Sein Arbeitsgebiet beherrschte er gut.

Er verfügte über fundiertes Fachwissen.

Er fand sehr gute Lösungen.

Ausdauer und Belastbarkeit

Daneben war er ein ausdauernder und gut belastbarer Mitarbeiter.

Daneben war er auch wechselnden Bedingungen gewachsen und hielt unter Termindruck durch.

Daneben zeichnete er sich durch starke Belastbarkeit aus.

Initiative und Kreativität

Seine oft guten Ideen und weiterführenden Anregungen waren für uns sehr hilfreich.

Alle Aufgaben ging er tatkräftig und selbstständig an.

Außerdem hatte er immer wieder Ideen, gab wertvolle Anregungen und ging alle Aufgaben tatkräftig an.

Flexibilität

Besonders hervorheben wollen wir, dass er sehr flexibel und vielseitig war.

Besonders hervorheben wollen wir, dass er sich neuen Vorhaben gegenüber sehr flexibel und aufgeschlossen zeigte.

Besonders betonen möchten wir, dass er ein großes Interesse an neuen Aufgaben zeigte.

Zuverlässigkeit und Pflichtbewusstsein

Er war pflichtbewusst und zuverlässig.

Er war vertrauenswürdig und regelmäßig bereit, Verantwortung zu übernehmen.

Er war jederzeit vertrauenswürdig, integer und bereit, in großem Umfang Verantwortung zu übernehmen.

Selbstständigkeit

Bei allen Tätigkeiten handelte er selbstständig.

Bei allen Tätigkeiten konnte ihm ein hohes Maß an Selbstständigkeit eingeräumt werden.

Bei allen Tätigkeiten arbeitete er sehr selbstständig und erzielte stets gute Lösungen.

Fort- und Weiterbildung

Außerdem war er bestrebt, sich weiterzubilden, und nahm oft die Gelegenheit wahr, sich innerhalb und außerhalb des Unternehmens weiter zu qualifizieren.

Außerdem hielt er seine Fachkenntnisse auf dem neuesten Stand.

Wir erkennen besonders an, dass er oft die Gelegenheit nutzte, seine Fachkenntnisse auch in der Freizeit zu erweitern.

Gesamtbeurteilung der Leistungen

Abschließend lässt sich sagen, dass er die ihm übertragenen Aufgaben zu unserer vollsten Zufriedenheit erledigte.

Abschließend lässt sich sagen, dass seine Leistungen sehr gut waren.

Abschließend lässt sich sagen, dass wir mit seinen Leistungen stets sehr zufrieden waren.

Verhalten gegenüber Vorgesetzten, Mitarbeitern und Kunden

Sein Verhalten gegenüber Vorgesetzten und Mitarbeitern war einwandfrei.

Wegen seines freundlichen Wesens und seiner kollegialen Haltung wurde er von Vorgesetzten und Mitarbeitern geschätzt.

Er war hilfsbereit.

Er trat sehr höflich und natürlich auf und zeichnete sich durch geschickten Umgang mit Geschäftspartnern und Kollegen aus.

Auch sein Verhalten gegenüber unseren Kunden war vorbildlich.

Aufgrund seiner umgänglichen und hilfsbereiten Art war er bei Vorgesetzten und Kollegen, aber auch bei unseren Kunden, gleichermaßen sehr geschätzt und anerkannt.

Schlussformel

Wir bedauern sein Ausscheiden und danken Herrn … für seine gute Mitarbeit. Wir wünschen ihm auf seinem weiteren Berufs- und Lebensweg alles Gute und viel Erfolg.

Wir danken ihm für seine sehr guten Leistungen und bedauern sein Ausscheiden sehr. Wir wünschen Herrn … für die Zukunft alles Gute und viel Erfolg.

Wir danken Herrn … für seine sehr gute Leistung und bedauern seinen Weggang.

Befriedigend

Für die Schulnote 3, befriedigende Leistungen, werden diese Begriffe benutzt: »zufrieden stellend«, »größtenteils«, »überwiegend«, »gelegentlich«, »weitgehend«, »wenn es nötig war«, »im Rahmen der Befugnisse«. Das Gesamturteil wird als »volle Zufriedenheit« ausgedrückt, gelegentlich auch mit den Worten »stets zu unserer Zufriedenheit«. Die Attribute »stets«, »immer« und »jederzeit« tauchen, mit Ausnahme bei der »Zufriedenheit«, nicht mehr auf. Auch von »groß« und »gut« ist nicht mehr die Rede.

Arbeitsbereitschaft

Während seiner Tätigkeit in unserem Haus zeigte Herr … Initiative, Eifer und Fleiß.

Während seiner Tätigkeit in unserem Haus war Herr … bereit, auch zusätzlich anfallende Arbeiten zu übernehmen.

Während seiner Tätigkeit in unserem Haus erfüllte Herr … seine Aufgaben mit Engagement und persönlichem Einsatz.

Arbeitsbefähigung

Zudem war er für seine Aufgaben befähigt und bereit, auch andere gleichartige Arbeiten zu übernehmen.

Zudem führte er seine Aufgaben mit Umsicht, Wissen und Engagement aus.

Zudem verfügte er über gute Berufserfahrung.

Arbeitsqualität

Des Weiteren können wir sagen, dass die Qualität seiner Arbeit hohe Ansprüche erfüllte.

Des Weiteren können wir sagen, dass wir ihn als einen zielstrebigen, fleißigen und gewissenhaften Mitarbeiter kennen.

Des Weiteren können wir sagen, dass er mit Sorgfalt und Genauigkeit arbeitete.

Arbeitstempo und -menge

Auch Arbeitstempo und Arbeitsmenge lagen über unseren Erwartungen.

Auch arbeitete er viel und schnell.

Auch bewältigte er in relativ kurzer Zeit ein überdurchschnittliches Arbeitspensum.

Führungsqualität

Als Vorgesetzter wurde Herr … weitgehend geschätzt und anerkannt.

Herr … verstand es, seine Mitarbeiter zu motivieren und sie zu guten Arbeitsleistungen zu führen.

Herr … wurde als Vorgesetzter von seinen Mitarbeitern anerkannt.

Hervorzuheben ist auch, dass er richtliniengemäß die Aufgaben delegierte und verständliche Anweisungen erteilte.

Fachwissen

Sein Arbeitsgebiet beherrschte er stets zufrieden stellend.

Er verfügte über das erforderliche Fachwissen.

Er fand brauchbare Lösungen.

Ausdauer und Belastbarkeit

Daneben war er größtenteils ein ausdauernder und belastbarer Mitarbeiter.

Daneben war er den Belastungen gewachsen.

Daneben entsprach seine Belastbarkeit überwiegend den Anforderungen.

Initiative und Kreativität

Seine gelegentlich eigenen Anregungen waren für uns hilfreich.

Er übernahm die ihm übertragenen Aufgaben und führte sie weitgehend selbstständig aus.

Außerdem hatte er immer wieder Ideen, gab Anregungen und ging alle Aufgaben aktiv an.

Flexibilität

Besonders hervorheben wollen wir, dass er sich, wenn es nötig war, umstellen konnte.

Besonders hervorheben wollen wir, dass er sich neuen Vorhaben gegenüber flexibel und aufgeschlossen zeigte.

Besonders betonen möchten wir, dass er Interesse an neuen Aufgaben zeigte.

Zuverlässigkeit und Pflichtbewusstsein

Er war durchaus pflichtbewusst und zuverlässig.

Er war vertrauenswürdig und bereit, Verantwortung zu übernehmen.

Er war pflichtbewusst und zuverlässig und auch bereit, Verantwortung zu übernehmen.

Selbstständigkeit

Bei allen Tätigkeiten arbeitete er im Rahmen seiner Befugnisse selbstständig.

Bei seinen Tätigkeiten arbeitete er weitgehend selbstständig.

Bei seinen Tätigkeiten arbeitete er selbstständig nach eigener Planung und erzielte gute Lösungen.

Fort- und Weiterbildung

Außerdem bildete er sich fachlich weiter.

Außerdem hielt er seine Fachkenntnisse auf neuem Stand.

Er nutzte oft die Gelegenheit, seine Fachkenntnisse zu erweitern.

Gesamtbeurteilung der Leistungen

Abschließend lässt sich sagen, dass er die ihm übertragenen Aufgaben zu unserer vollen Zufriedenheit erledigte.

Abschließend lässt sich sagen, dass seine Leistungen stets zufrieden stellend waren.

Abschließend lässt sich sagen, dass wir mit seinen Leistungen stets zufrieden waren.

Verhalten gegenüber Vorgesetzten, Mitarbeitern und Kunden

Sein Verhalten gegenüber Vorgesetzten und Mitarbeitern gab zu keinen Klagen Anlass.

Vorgesetzte und Mitarbeiter schätzten sein kollegiales Verhalten.

Aufgrund seiner kooperativen Haltung war er bei Vorgesetzten und Mitarbeitern anerkannt und beliebt.

Er trat höflich und natürlich auf und zeichnete sich durch guten Umgang mit Geschäftspartnern und Kollegen aus.

Auch sein Verhalten gegenüber unseren Kunden war gut.

Aufgrund seiner umgänglichen und hilfsbereiten Art war er bei Vorgesetzten und Kollegen, aber auch bei unseren Kunden, gleichermaßen geschätzt und anerkannt.

Schlussformel

Wir bedauern sein Ausscheiden und danken Herrn … für sein stetes Engagement. Wir wünschen ihm auf seinem weiteren Berufs- und Lebensweg alles Gute.

Wir danken ihm für seine guten Leistungen und bedauern sein Ausscheiden. Wir wünschen Herrn … für seinen weiteren Berufsweg alles Gute.

Wir danken Herrn … für seine gute Leistung und bedauern seinen Weggang.

Ausreichend

Charakteristisch für die Schulnote 4, eine ausreichende Leistung, sind die Einschränkungen: »ab und zu«, »im Großen und Ganzen«, »im Allgemeinen«, »meist«, »größtenteils«, »teilweise«, »vereinzelt«, »bei Anstoß«. Aus ihnen lässt sich deutlich erkennen, dass die erbrachten Leistungen und Fähigkeiten eben nicht in vollem Umfang vorhanden waren. Häufig fehlen auch die Werturteile, um Streitigkeiten zu vermeiden. Oder es wird die Formulierung benutzt: »entsprach den Erwartungen«, was im Klartext nichts anderes bedeutet als: »Erwarten Sie nicht zu viel von diesem Mitarbeiter.« Die Leistung wird als »zufrieden stellend« oder »zu unserer Zufriedenheit« bezeichnet. Gerne tauchen zudem Begriffe auf, die keine besondere Erwähnung finden müssten, zum Beispiel »fleißig«. Auffällig ist bei dieser Schulnote auch der Einsatz des Wortes »nicht«. So beispielsweise in: »Er war nicht unbeliebt.« Gelesen wird es von kundigen Personalleuten so, als ob das »nicht« im Text fehlen würde, also: »Er war unbeliebt.«

Arbeitsbereitschaft

Während seiner Tätigkeit in unserem Haus zeigte Herr … bei entsprechendem Anstoß Fleiß und Eifer.

Während seiner Tätigkeit in unserem Haus war Herr … ab und zu bereit, auch zusätzlich anfallende Arbeiten zu übernehmen.

Während seiner Tätigkeit in unserem Haus war der Arbeitseinsatz von Herrn … befriedigend.

Arbeitsbefähigung

Zudem war er für seine Aufgaben im Großen und Ganzen befähigt und bereit, vereinzelt auch andere, gleichartige Aufgaben zu übernehmen.

Zudem erledigt er seine Aufgaben im Großen und Ganzen umsichtig und engagiert.

Arbeitsqualität

Des Weiteren können wir sagen, dass er eine im Allgemeinen zufrieden stellende Arbeitsqualität zeigte.

Des Weiteren können wir sagen, dass wir ihn als einen meist fleißigen und gewissenhaften Mitarbeiter kennen.

Des Weiteren können wir sagen, dass er stets mit ausreichender Sorgfalt arbeitete.

Arbeitstempo und -menge

Auch Arbeitstempo und Arbeitsmenge entsprachen unseren Erwartungen.

Auch arbeitete er gleichmäßig.

Auch bewältigte er in angemessener Zeit das erforderliche Arbeitspensum.

Führungsqualität

Als Vorgesetzter war Herr … durchaus nicht unbeliebt.

Durch Herrn …s Fähigkeit, andere zu motivieren, wurde ein leistungsorientiertes Arbeitsklima geschaffen.

Herr … wurde als Vorgesetzter von seinen Mitarbeitern weitgehend anerkannt.

Hervorzuheben ist auch, dass er die Aufgaben im Allgemeinen rechtzeitig delegierte und Anweisungen erteilte.

Fachwissen

Zudem verfügte er über Berufserfahrung.

Sein Arbeitsgebiet beherrschte er zufrieden stellend.

Er zeigte das entsprechende Fachwissen.

Er fand Lösungen.

Ausdauer und Belastbarkeit

Daneben war er größtenteils ein ausdauernder und belastbarer Mitarbeiter.

Daneben war er den Belastungen gewachsen.

Daneben entsprach seine Belastbarkeit überwiegend den Anforderungen.

Initiative und Kreativität

Er war stets bemüht, Anregungen zu geben und eigene Ideen zu entwickeln.

Er führte die ihm übertragenen Aufgaben unter Anleitung aus.

Außerdem gab er auch Anregungen und war neuen Aufgaben gegenüber aufgeschlossen.

Flexibilität

Er bevorzugte eine gleich bleibende Tätigkeit.

Er zeigte immer wieder einmal Interesse an neuen Aufgaben.

Er war meistens zuverlässig.

Zuverlässigkeit und Pflichtbewusstsein

Er war insgesamt vertrauenswürdig und übernahm ab und zu Verantwortung.

Er bemühte sich, seine Aufgaben zuverlässig zu erfüllen und war auch bereit, im Rahmen seiner Möglichkeiten Verantwortung zu übernehmen.

Die ihm gestellten Aufgaben, die er in Abstimmung mit seinem Vorgesetzten erledigte, entsprachen den Anforderungen.

Selbstständigkeit

Bei seinen Tätigkeiten konnte er auch teilweise selbstständig arbeiten.

Bei seinen Tätigkeiten arbeitete er teilweise selbstständig und fand Lösungen.

Fort- und Weiterbildung

Außerdem bildete er sich hin und wieder fachlich weiter.

Außerdem hielt er seine Fachkenntnisse auf dem aktuellen Stand.

Er nutzte gelegentlich die Möglichkeit, seine Fachkenntnisse zu erweitern.

Gesamtbeurteilung der Leistungen

Abschließend lässt sich sagen, dass er die ihm übertragenen Aufgaben zu unserer Zufriedenheit erledigte.

Abschließend lässt sich sagen, dass seine Leistungen zufrieden stellend waren.

Abschließend lässt sich sagen, dass wir mit seinen Leistungen zufrieden waren.

Verhalten gegenüber Vorgesetzten, Mitarbeitern und Kollegen

Sein persönliches Verhalten war insgesamt einwandfrei.

Die Zusammenarbeit mit Vorgesetzten und Mitarbeitern verlief meist reibungslos.

Seine Zusammenarbeit mit Vorgesetzten und Mitarbeitern war stets zufrieden stellend.

Er trat im Allgemeinen höflich und natürlich auf und pflegte einen freundlichen Umgang mit Geschäftspartnern und Kollegen.

Auch sein Verhalten gegenüber unseren Kunden war nicht zu beanstanden.

Auch seine Kooperationsbereitschaft war allgemein anerkannt.

Schlussformel

Wir waren mit Herrn … zufrieden und danken für die Mitarbeit. Wir wünschen ihm alles Gute.

Wir danken Herrn … und wünschen ihm alles Gute.

Wir danken Herrn … für die stets befriedigende Zusammenarbeit.

Mangelhaft

Charakteristisch für die Schulnote 5, ein Mangelhaft, sind die meist recht kurz gehaltenen Sätze. Aufgrund der Notwendigkeit, auch ein solches Zeugnis noch wohl wollend zu gestalten, wird lieber auf Aussagen verzichtet. Die Leistungen werden als »Bemühungen« charakterisiert, was nichts anderes bedeutet, als: »Er hat sich bemüht, aber er hat es trotzdem nicht geschafft.«
Ein derart geschriebenes Zeugnis mag auf den ersten Blick noch durchaus akzeptabel erscheinen. Es ist allerdings für den Beurteilten eine echte Katastrophe, wird ihm doch bescheinigt, dass er – zumindest für den Job, den er zuletzt hatte – absolut untauglich war. Gerade die Verwendung von »stets« weist gewisse Ähnlichkeiten zu einem sehr guten Zeugnis auf und täuscht so auf den ersten Blick über die Negativbeurteilung hinweg.

Arbeitsbereitschaft

Während seiner Tätigkeit in unserem Haus war Herr … stets bemüht, seine Aufgaben zu erfüllen.

Herrn …s Tätigkeit erforderte Umsicht und Engagement.

Arbeitsbefähigung

Sein Arbeitsgebiet beherrschte er im Großen und Ganzen entsprechend den Anforderungen.

Zudem war er stets bestrebt, seinen Aufgaben gerecht zu werden.

Arbeitsqualität

Des Weiteren können wir sagen, dass er eine im Allgemeinen ausreichende Arbeitsqualität zeigte.

Die Arbeitsergebnisse entsprachen im Großen und Ganzen der erforderlichen Qualität.

Des Weiteren können wir sagen, dass er mit ausreichender Sorgfalt arbeitete.

Arbeitstempo und -menge

Auch Arbeitstempo und Arbeitsmenge genügten im Allgemeinen unseren Erwartungen.

Auch arbeitete er meistens gleichmäßig.

Auch bemühte er sich stets, das Arbeitspensum in angemessener Zeit zu bewältigen.

Führungsqualität

Seinen Mitarbeitern war Herr … stets ein verständnisvoller Vorgesetzter.

Herr … koordinierte die Arbeit seiner Mitarbeiter und gab klare Anweisungen.

Herr … bemühte sich, sich bei seinen Mitarbeitern durchzusetzen und ausreichende Arbeitsergebnisse zu erzielen.

Hervorzuheben ist auch, dass er versuchte, die Aufgaben zu delegieren und verständliche Anweisungen zu erteilen.

Fachwissen

Sein Arbeitsgebiet beherrschte er im Großen und Ganzen zufriedenstellend.

Er hatte Gelegenheit, sich das notwendige Fachwissen anzueignen.

Ausdauer und Belastbarkeit

Daneben war er den üblichen Beanspruchungen größtenteils gewachsen.

Daneben war seine Belastbarkeit ausreichend.

Initiative und Kreativität

Er war stets bestrebt, seinen Aufgaben gerecht zu werden.

Er bemühte sich, seine Aufgaben gewissenhaft zu erledigen.

Flexibilität

Er bemühte sich, Interesse an neuen Aufgaben zu finden.

Im Rahmen seiner Möglichkeiten interessierte er sich für neue Aufgaben.

Zuverlässigkeit und Pflichtbewusstsein

Er war bemüht, seine Aufgaben termingerecht und einwandfrei zu erledigen.

Er war im Großen und Ganzen vertrauenswürdig.

Selbstständigkeit

Die ihm gestellten Aufgaben, die er in enger Abstimmung mit seinem Vorgesetzten erledigen konnte, entsprachen überwiegend den Anforderungen.

Bei seinen Tätigkeiten bemühte er sich, selbstständig zu arbeiten.

Fort- und Weiterbildung

Außerdem war er bemüht, sich fachlich weiterzubilden.

Außerdem versuchte er, seine Fachkenntnisse zu erweitern.

Gesamtbeurteilung der Leistungen

Abschließend lässt sich sagen, dass er die ihm übertragenen Aufgaben im Großen und Ganzen zu unserer Zufriedenheit erledigte.

Abschließend lässt sich sagen, dass seine Leistungen im Großen und Ganzen zufrieden stellend waren.

Abschließend lässt sich sagen, dass er unsere Erwartungen größtenteils erfüllt hat.

Verhalten gegenüber Vorgesetzten, Mitarbeitern und Kollegen

Er war stets um ein gutes Verhältnis zu Mitarbeitern und Vorgesetzten bemüht.

Seine Zusammenarbeit mit Vorgesetzten und Mitarbeitern war insgesamt zufrieden stellend.

Er war stets um ein taktvolles Verhalten bemüht.

Er bemühte sich auch um ein höfliches Verhalten gegenüber unseren Geschäftspartnern.

Auch zu unseren Kunden strebte er stets ein gutes Verhältnis an.

Sein Verhalten gegenüber unseren Kunden war insgesamt höflich.

Schlussformel

Für seine Mitarbeit bedanken wir uns. Unsere Wünsche begleiten ihn.

Wir bedauern, auf seine weitere Mitarbeit verzichten zu müssen. Für die Zukunft wünschen wir Herrn … alles nur erdenklich Gute.

Killerformulierungen

Eine schlechtere Note als Mangelhaft gibt es bei Arbeitszeugnissen eigentlich nicht. Es haben sich allerdings im Laufe der Zeit einige Formulierungen herauskristallisiert, die weiteren Aufschluss über die beurteilte Person geben. Mithilfe solcher Sätze ist es möglich, ein wohl wollend, teilweise sogar wohl klingendes Zeugnis zu schreiben und dem informierten Leser gleichzeitig wertvolle Tipps zu geben. Kommentare zu den Formulierungen sind kursiv gesetzt.

Völlig unzureichende Leistungen in der Gesamtbeurteilung

Er hat sich bemüht, die ihm übertragenen Aufgaben zu unserer Zufriedenheit zu erfüllen.

Er zeigte für seine Arbeit Verständnis.

Er zeigte Verständnis, hat aber nichts verstanden.

Er war stets mit Interesse bei der Sache.

Zumindest Interesse wurde vorgetäuscht. Verstanden und geleistet wurde nichts.

Mangelnde Eigeninitiative

Er hat alle Arbeiten ordnungsgemäß erledigt.

Er hat nur das Notwendigste getan und nicht mitgedacht.

Probleme mit Vorgesetzten

Sein Verhalten zu den Mitarbeitern war stets einwandfrei.

Zu den Mitarbeitern hatte er ein gutes Verhältnis.

Alleine durch das Weglassen der Vorgesetzten wird hier eine Aussage gemacht. Dies ist ein gutes Beispiel für das beredete Schweigen.

Probleme mit anderen Mitarbeitern bzw. Kollegen

Sein Verhalten gegenüber Vorgesetzten war stets einwandfrei.

Sein Verhalten gegenüber Vorgesetzten war gut.

Hier werden, ähnlich wie zuvor die Vorgesetzten, nun die Mitarbeiter weggelassen.

Mit seinen Vorgesetzten ist er gut zurecht gekommen.

Es fehlen nicht nur die Mitarbeiter, auch mit den Vorgesetzten ist er lediglich zurecht gekommen. Von einem guten Verhältnis kann hier keine Rede sein.

Autoritärer Führungsstil

Er führte mit fester Hand.

Er führte straff demokratisch.

Dieser Satz ist schon ein Widerspruch in sich, umschreibt aber sehr schön den autoritären Stil, der in fast keinem Unternehmen mehr gefragt ist.

Er achtete stets darauf, dass seine Untergebenen ihre Arbeitskraft voll einsetzten.

Das ist nun wirklich das Mindeste, was von einer Führungskraft zu erwarten ist. Die Nennung einer solchen Selbstverständlichkeit ist in diesem Fall eine ganz klare Abwertung.

Nachgiebiger Vorgesetzter

Bei allen auftretenden Problemen war er stets kompromissbereit.

Mitarbeiter macht schnell Zugeständnisse an Kunden

Bei unseren Kunden war er schnell beliebt.

Unangenehmer und schwieriger Mitarbeiter

Er verstand es stets, seine Interessen in der Firma durchzusetzen.

Ein Wichtigtuer und Blender

Er war sehr tüchtig und wusste sich gut zu verkaufen.

Ein Nörgler und Besserwisser

Er ist ein anspruchsvoller und durchaus kritischer Mitarbeiter.

Ein Schwätzer, der andere von der Arbeit abhält

Seine umfangreiche Bildung machte ihn stets zu einem gesuchten Gesprächspartner.

Alkoholprobleme

Durch seine Geselligkeit trug er zu einer Verbesserung des Betriebsklimas bei.

Sucht sexuelle Kontakte

Für die Belange der Kollegen bewies er stets Einfühlungsvermögen.

Gewerkschafter bzw. enger Kontakt zum Betriebsrat

Seine Kontakte zur Arbeitnehmervertretung gestaltete er stets sachlich und vertrauensvoll.

Er trat innerhalb und außerhalb des Unternehmens engagiert für die Interessen der Arbeitnehmer auf.

Hier wird sogar der Privatbereich außerhalb des Unternehmens angesprochen, was nicht erlaubt ist.

Warnung vor diesem Mitarbeiter

In Pünktlichkeit war er stets ein Vorbild.

Selbst die Pünktlichkeit muss nicht vorhanden gewesen sein. Der Satz sagt aus, dass außer dem Erscheinen im Unternehmen keinerlei Leistungen erbracht worden sind.

13. Kapitel

Was tun, wenn es Auseinandersetzungen gibt?

Allgemeine Informationen

Natürlich gibt es immer wieder Meinungsverschiedenheiten zwischen dem Aussteller und dem Empfänger eines Arbeitszeugnisses. Von der Thematik her lassen sich dabei verschiedene Bereiche unterscheiden:

- Die äußere Form des Zeugnisses wird bemängelt.
- Es fehlen Angaben und Fakten, die der Empfänger gerne haben möchte.
- Der Empfänger ist mit den vorgenommenen Bewertungen nicht einverstanden.

> *Grundsätzlich gibt es kein Recht auf die Korrektur oder Änderung eines Zeugnisses, sondern nur das Recht auf die Erteilung eines ordnungsgemäßen Zeugnisses.*

Ist das Verhältnis zwischen Arbeitgeber und ausscheidendem Arbeitnehmer nicht bereits völlig zerrüttet, reicht oft ein klärendes Gespräch aus, um die gewünschten Änderungen zu erzielen. Auch wenn Sie, vielleicht sogar zu Recht, über das Zeugnis verärgert sind: Behalten Sie die Nerven und versuchen Sie, eine ruhige und sachliche Aussprache zu führen. Drohen Sie nicht gleich mit dem Anwalt! Meist entstehen Fehler in Zeugnissen lediglich durch die Unkenntnis der gültigen Regeln, oft verbunden mit der Unerfahrenheit der Aussteller. Auch kritische Formulierungen tauchen immer wieder nur deshalb auf, weil dem Schreiber die Brisanz seiner Wortwahl gar nicht bewusst ist.

Mängel in der Form eines Zeugnisses lassen sich für gewöhnlich schnell beheben. Anhand der in diesem Buch zitierten Vorgaben kann leicht geklärt werden, wie das Zeugnis aussehen muss. Unvollständige Zeugnisse müssen nicht akzeptiert werden, genauso wenig wie Zeugnisse, die vor allem durch das Weglassen gekennzeichnet sind. Gerade das Auslassen ist auch ein Verstoß gegen die Zeugniswahrheit.

Fehlende Punkte werden in vielen Unternehmen ohne Probleme ergänzt, wenn es der Mitarbeiter wünscht. Sprechen Sie deshalb den Aussteller darauf an und erklären Sie, welche Punkte Sie gerne aufgenommen haben wollen. Sagen Sie dabei, warum Ihnen diese Fakten wichtig sind. Diese objektiven Tatsachen sind in der Regel gut nachprüf- bzw. beweisbar, zum Beispiel anhand von Stellenbeschreibungen.

Auch im Falle von Meinungsverschiedenheiten empfiehlt sich zuerst ein Gespräch. Klären Sie, wie es zu dieser Bewertung gekommen ist, und nennen Sie Ihre Gründe, warum Sie der Ansicht sind, die Bewertung müsste besser sein. Gute Argumente für eine bessere Beurteilung müssen Sie dabei allerdings schon ins Feld führen. Fragen Sie nach, wenn es Beanstandungen an der Leistung oder dem Verhalten gibt. Es müssen schon konkrete Sachverhalte vorliegen, die eine solche negative Beurteilung rechtfertigen. Allerdings geht die Rechtsprechung davon aus, dass der Aussteller in seiner Wortwahl frei ist, der Empfänger somit kein Recht hat, ganz bestimmte Formulierungen oder gar ganze Sätze zu verlangen. Es ist sicherlich erfolgversprechender, wenn Sie nicht versuchen, dem Aussteller zu diktieren, was er schreiben soll. Wählen Sie lieber den Weg über Änderungen, Ergänzungen oder Streichungen von Passagen oder Sätzen.

Im Übrigen muss auch niemand dulden, dass in einem Zeugnis zweideutige Formulierungen verwendet werden. Es ist grundsätzlich ein Verstoß gegen die Klarheit eines Zeugnisses, wenn mehrdeutige oder interpretierbare Formulierungen benutzt werden. Der Empfänger hat das Recht, im Zweifelsfall immer von der Interpretation auszugehen, die ihn in einem schlechten Licht erscheinen lässt. Auch das Prinzip des Wohlwollens darf nicht verletzt werden. Gelegentlich behaupten Arbeitgeber zwar, dieses Prinzip mache es unmöglich, auch negative Beurteilungen abzugeben. Dem ist ganz sicher nicht so.

Führen Sie, sofern das Klima es erlaubt, immer erst ein Gespräch, bevor Sie den Rechtsweg beschreiten.

Reklamationen seitens des Empfängers sollten immer so schnell wie möglich nach Erhalt des Zeugnisses erfolgen. Denn auch für Änderungswünsche wird irgendwann der Anspruch verwirkt sein, ohne dass es in der Rechtsprechung dafür einen ganz konkret benennbaren Zeitraum gibt. Führt ein Gespräch nicht zum gewünschten Erfolg, so sollte der Änderungswunsch umgehend schriftlich angemeldet werden. Falls es später doch zu einer gerichtlichen Auseinandersetzung kommt, muss unter Umständen der Zeitpunkt des Anliegens auf Änderung bewiesen werden, um der Behauptung der Verwirkung entgegentreten zu können.

Ein »korrigiertes« Zeugnis sollte immer das Datum des ursprünglichen Zeugnisses tragen. Kommt es allerdings zu einem Rechtsstreit und wird der Arbeitgeber zur Ausstellung eines neuen Zeugnisses verurteilt, so liegt das Zeugnisdatum deutlich nach dem Datum des Ausscheidens.

Viele Firmen lassen sich vom ausscheidenden Mitarbeiter eine so genannte Ausgleichsquittung unterzeichnen. Der Mitarbeiter unterschreibt dafür, dass er sein Gehalt und seine Papiere erhalten hat; dass er alle Unterlagen, die der Firma gehören, zurückgegeben hat und dass somit keine Ansprüche aus dem Arbeitsverhältnis mehr bestehen. Manche Firmen gehen dann davon aus, dass damit auch der Anspruch auf ein Arbeitszeugnis erloschen ist. Dies ist in keinem Fall richtig! Der Anspruch auf ein Zeugnis ist gesetzlich geregelt und kann nicht durch eine so allgemeine Formulierung abgegolten werden.
Selbst der nachträgliche Wunsch, anstelle eines einfachen ein qualifiziertes Zeugnis zu erhalten, ist mit einer Ausgleichsquittung nicht automatisch unmöglich geworden. Das Bundesarbeitsgericht geht davon aus, dass dem Unterzeichner die Tragweite der Ausgleichsquittung in Bezug auf die Zeugniserteilung nicht bewusst ist. Es sei denn, es würde ausdrücklich der Verzicht auf ein qualifiziertes Zeugnis ausgeschlossen.

Es ergibt sich auch immer wieder die Frage, wann denn nun ein Arbeitszeugnis ausgehändigt werden muss. Gesetzlich ist ja nur das Verlangen bzw. die Erstellung eines Zeugnisses geregelt, nicht jedoch die Übergabe an den Empfänger. Da der Anspruch bereits bei Beendigung entsteht, bedeutet dies also mit dem Zeitpunkt der Kündigung oder des Aufhebungsvertrags, nicht mit dem Ende der gesetzlichen oder vereinbarten Kündigungsfrist. Werden Arbeitnehmer frei gestellt oder beurlaubt, so muss das Zeugnis unverzüglich angefertigt werden. Bleibt der Mitarbeiter bis zum Ende der Kündigungsfrist beschäftigt, so kann er zumindest ein vorläufiges Zeugnis verlangen.
Im Allgemeinen wird davon ausgegangen, dass ein einfaches Zeugnis innerhalb weniger Tage geschrieben und übergeben werden kann, ein qualifiziertes Zeugnis kann bis zu drei Wochen in Anspruch nehmen. Zeugnisse für Mitarbeiter, deren Vertrag von vornherein befristet war, sollten rechtzeitig, also mindestens acht Wochen vor Vertragsablauf fertig sein. Im Falle einer fristlosen

Kündigung ist der Arbeitgeber verpflichtet, auch ein qualifiziertes Zeugnis innerhalb weniger Tage zu überreichen.
Die Aushändigung eines Zeugnisses darf nicht mit anderen Forderungen aufgerechnet werden. Es ist also beispielsweise nicht erlaubt, die Übergabe des Zeugnisses an die Rückgabe des Firmenausweises zu knüpfen. Allerdings kann der Arbeitgeber die Aushändigung eines berichtigten Zeugnisses von der gleichzeitigen Rückgabe des ersten Exemplars abhängig machen.

Auch darüber, wie das Zeugnis auszuhändigen ist, gibt es immer wieder Auseinandersetzungen. Grundsätzlich hat der Arbeitnehmer die Holschuld, das heißt, er muss sein Zeugnis abholen. Wurde das Zeugnis bereits bei der Kündigung schriftlich angefordert und liegt es am Tag des Ausscheidens nicht bereit, so ist der Arbeitgeber in der Bringschuld.
Wird ein Zeugnis per Post zugestellt, so sollte dies immer mit Einschreiben und Rückschein geschehen, um die Aushändigung zu dokumentieren. Es empfiehlt sich in beiderseitigem Interesse, Zeugnisse so zu versenden, dass sie ungeknickt den Empfänger erreichen. Zum einen könnten Knicke wieder als Mangel am Zeugnis angesehen werden. Zum anderen geht es einen Dritten eigentlich nichts an, auf welchem Weg das Zeugnis den Empfänger erreicht hat. Da in vielen Bereichen Freistellungen heute üblich sind, gleichzeitig aus der Tatsache der postalischen Zustellung oft von Personalleuten eine Auseinandersetzung um das Zeugnis vermutet wird, sollte das Zeugnis in einem entsprechend rückenverstärkten DIN A4-Umschlag verschickt werden.

Entsteht einem Arbeitnehmer ein Schaden daraus, dass er sein Zeugnis zu spät erhalten hat, dass es dem Rechtsanspruch nicht genügte oder dass es unrichtige Behauptungen enthielt, so kann er den Arbeitgeber dafür schadenersatzpflichtig machen.
Genauso kann ein neuer Arbeitgeber den Aussteller des Zeugnisses zu Schadenersatz verpflichten, wenn es unrichtige Angaben über den Empfänger enthielt. Werden beispielsweise dem Arbeit-

nehmer bestimmte Fähigkeiten aus Gefälligkeit bescheinigt, die er gar nicht besitzt, und hätte ihn das neue Unternehmen ohne diese Fähigkeiten nicht eingestellt, so haftet der Aussteller für den dadurch entstandenen Schaden.

Die Arbeitsbescheinigungen, in denen lediglich bestätigt wird, dass der Empfänger im Unternehmen gearbeitet hat und in welcher Position er tätig war, sind keine Zeugnisse. Sie haben zwar eine gewisse Ähnlichkeit mit einem einfachen Zeugnis, sind aber nur Bestätigungen und genügen dem Anspruch an Zeugnisse nicht. Zu empfehlen sind sie lediglich bei geringfügigen und kurzzeitigen Jobs, bei denen es wirklich nichts zu beurteilen gibt. Üblich sind sie heute allerdings auch dann, wenn ein Arbeitsverhältnis in der Probezeit wieder beendet wird. Geschieht dies relativ kurz nach Aufnahme der Tätigkeit, so versteht es sich von selbst, dass sogar ein einfaches Zeugnis praktisch nicht zu erstellen ist. Es würde die meisten Leser zudem stutzig machen, wenn nach einer Arbeitszeit von zwei Wochen bereits Aussagen getroffen werden könnten. Bei hoch qualifizierten Aufgaben und einer Trennung beispielsweise am Ende der sechsmonatigen Probezeit wäre ein Zeugnis sicher eher angebracht als eine Arbeitsbescheinigung.

Die Einschaltung des Betriebsrats

Auch wenn der Betriebsrat, sofern vorhanden, bei der Erstellung von Arbeitszeugnissen an sich kein Mitsprache- oder Informationsrecht hat, so können Arbeitnehmer bei Streitigkeiten dessen Hilfe in Anspruch nehmen.
So besteht häufig die Möglichkeit, vom Betriebsrat das Zeugnis prüfen und feststellen zu lassen, ob es den gesetzlichen Ansprüchen genügt oder in der Beurteilung ungerechtfertigt ist. Oft kann von dieser Seite aus vermittelnd eingegriffen werden, um doch noch eine gütliche Einigung zwischen Arbeitgeber und Arbeitnehmer zu erzielen.

Die Gewerkschaften und Berufsverbände haben ebenfalls Experten, die sich mit der Problematik von Zeugnissen auskennen. Manchmal reicht es dann schon aus, den Arbeitgeber auf das entsprechende Gerichtsurteil aus einem anderen Fall zu verweisen, um eine außergerichtliche Einigung zu erzielen. In der Regel übernehmen die Gewerkschaften mit ihren Rechtsstellen oder Justiziaren die Beratung und gegebenenfalls auch die Vertretung vor einem Arbeitsgericht für ihre Mitglieder gratis.

Für Gewerkschaftsmitglieder empfiehlt es sich, bei Zeugnisstreitigkeiten zuerst die Beratung der Gewerkschaft in Anspruch zu nehmen. Sie ist meist kostenfrei.

Der Gang vor das Arbeitsgericht

Wenn keine gütliche Einigung möglich ist, bleibt nur noch der Gang vor ein Arbeitsgericht, um eine Klärung herbeizuführen. Als Arbeitnehmer müssen Sie sich darüber im Klaren sein, dass dies ein langer Weg werden kann. Beschreiten Sie ihn deshalb nur, wenn Sie echte Erfolgsaussichten haben und es der Mühe wert ist. Es lohnt sich jedoch immer dann, wenn Ihre weitere Karriere durch das Zeugnis in Gefahr ist.

Wer eine Rechtsschutzversicherung hat, die Arbeitsrechtsverfahren einschließt, sollte diese umgehend verständigen. Die Versicherung übernimmt die Kosten allerdings nur dann, wenn sie eine Aussicht auf Erfolg sieht. Zumindest bedeutet dies aber, dass auch von Seiten der Versicherung das Zeugnis noch einmal geprüft wird.

Wem die finanziellen Mittel für einen Prozess fehlen und wer keine Rechtsschutzversicherung hat, der kann immer noch beim zuständigen Arbeitsgericht einen Antrag auf Prozesskostenhilfe stellen. Solche Anträge sind bei den Rechtsanwälten erhältlich, da diese im Genehmigungsfall vom Staat bezahlt werden. Auch hier gibt es vor der Genehmigung eine Prüfung der Erfolgsaussichten. Aussichtslose Fälle werden deshalb nicht von der Prozesskostenhilfe übernommen.

Das Verfahren findet in der ersten Instanz grundsätzlich vor dem Arbeitsgericht statt. Legt eine der Parteien gegen das Urteil Berufung ein, geht es in zweiter Instanz vor das Landesarbeitsgericht und in dritter Instanz dann zum Bundesarbeitsgericht. Die meisten Fälle werden jedoch mit einem Arbeitsgerichtsurteil abgeschlossen.

Generell gibt es in der ersten Instanz keinen Anwaltszwang. Weder Arbeitnehmer noch Arbeitgeber müssen sich also durch einen Rechtsanwalt vertreten lassen. Da in dieser Instanz grundsätzlich jede Partei ihre Kosten selbst zu tragen hat, egal, wie das Urteil ausgeht, lässt sich so Geld sparen. Wer demnach seinen Klageantrag persönlich formulieren will, der kann sich dabei von den Rechtspflegern in den Rechtsstellen der Arbeitsgerichte kostenlos beraten lassen. Trotzdem ist ein Anwalt sehr zu empfehlen! Zum einen lassen sich dadurch Formfehler vermeiden, die unter Umständen ein Verlieren des Verfahrens bedeuten können. Zum anderen schont es die Nerven, wenn man einen Fachmann die Klage führen lässt und schafft auf diese Weise ein Gleichgewicht zur Gegenpartei, da die meisten Unternehmen sich von einem Rechtsanwalt vertreten lassen.

Grundsätzlich beginnen Arbeitsgerichtsverfahren nicht, wie die anderen Prozesse, mit einer Prozessverhandlung. Es gibt immer zuerst einen so genannten Gütetermin. In dieser Güteverhandlung werden keine Beweise geprüft und auch keine Zeugen gehört. Beide Parteien haben die Gelegenheit, sich zu einigen. Dazu erörtert ein Richter die Streitfrage und gibt seine Einschätzung ab, wie ein Prozess verlaufen könnte. So lassen sich das Risiko bzw. die Erfolgsaussicht abschätzen. Für den potenziellen Verlierer ist es eine Möglichkeit, Kosten zu sparen, für den möglichen Gewinner die

Chance, zu einer schnellen Einigung zu kommen. Mehr als drei Viertel aller Arbeitsgerichtsverfahren werden übrigens bei diesem Gütetermin beigelegt.
Kommt es zu keiner Einigung, dann wird das Verfahren eröffnet. Da die Zahl der Verfahren vor den Arbeitsgerichten stetig zunimmt, kann es allerdings eine ganze Weile dauern, bis der erste Verhandlungstermin angesetzt wird.
Die Anwalts- und Gerichtsgebühren bemessen sich nach dem Streitwert, wobei dieser meist nach dem Bruttomonatsgehalt berechnet wird.
Die Beweislast liegt zunächst einmal beim Arbeitgeber, der das Zeugnis schließlich ausgestellt hat. Er muss beweisen, dass das Zeugnis den rechtlichen Anforderungen genügt und die Beurteilungen zutreffend sind. Dazu werden meist Zwischenzeugnisse, innerbetriebliche Beurteilungen oder Abmahnungen herangezogen oder Mitarbeiter als Zeugen aufgeboten. Prinzipiell lässt sich sagen, dass Arbeitnehmer, die unterdurchschnittlich beurteilt worden sind, gute Chancen auf ein besseres Zeugnis haben. Der Arbeitgeber muss beweisen, dass diese Bewertung tatsächlich zutreffend ist und er gleichzeitig das nötige Wohlwollen hat walten lassen. Will ein Arbeitnehmer allerdings eine überdurchschnittliche Bewertung, so muss er selbst den Beweis für die Berechtigung seines Anspruchs antreten. Gerade wenn es sich ohnehin um ein gutes Zeugnis handelt, wird es sehr schwierig sein, den Beweis für eine sehr gute Beurteilung anzutreten.
Bei der Frage nach dem richtigen Anwalt lohnt es sich, auf den Zusatz »Fachanwalt für Arbeitsrecht« zu achten. Dies stellt zumindest einmal sicher, dass der Rechtsanwalt Qualifikationen und Erfahrung auf diesem Gebiet hat. Die Bezeichnung »Interessenschwerpunkt Arbeitsrecht« ist im Vergleich dazu deutlich weniger aussagekräftig. Informationen über entsprechende Anwälte finden Sie in den Branchenbüchern. Auch die Rechtsanwaltskammern geben darüber Auskunft.

Adressen

Eine Datenbank mit den Standardbausteinen für Arbeitszeugnisse und der jeweiligen Notenskala finden Sie im Internet unter www.zeugnis-analyse.de. Wir danken dem Urheber, Herrn Bernhard Schoppel, für die freundliche Abdruckgenehmigung in diesem Buch.

Gesetzestexte und aktuelle Entscheidungen zu Arbeitszeugnissen finden Sie im Internet unter anderem bei:

www.dejure.org
www.jurcom5.juris.de
www.rechtsfinder.de